La diferencia entre aprobar
y sacar plaza

Técnico/a en Cuidados Auxiliares de Enfermería

SERVICIO RIOJANO DE SALUD

Si aún no dispones de tu **Curso MAD360**, te ofrecemos un acceso GRATIS de 30 días para que disfrutes de los siguientes recursos:

- Técnicas de Memoria 360.
- MADTEST: Test *online* Nivel PRO.
- Temario en formato digital.
- Vídeos.
- Esquemas.
- Planificación de estudio.
- Foro entre opositores hasta la fecha del examen.*
- Recursos y novedades exclusivas.
- Consúltanos sobre tu oposición y proceso selectivo.
- Actualizaciones legislativas (Boletines Oficiales) hasta 60 días antes de la fecha del examen.*

Para acceder a esta prueba del Curso MAD360** será necesaria la compra de todos los libros para esta especialidad de la edición 2025.

Regístrate en **mad.es/iniciar-sesion** y en la pestaña MIS CURSOS valida los códigos que encuentras en la última página de tus libros.

NOTA IMPORTANTE:

* Examen de esta categoría profesional correspondiente a la convocatoria publicada en el BOR n.º 126, de 3 de junio de 2025, o hasta el 31 de agosto de 2026, lo que se cumpla antes, y previa renovación del servicio.

** El acceso al CURSO MAD360 estará disponible desde agosto de 2025 (algunos recursos podrían estar disponibles en fecha posterior). Tendrá una duración de 30 días RENOVABLES mediante pago, desde la validación de códigos, o hasta el 28 de febrero de 2027, lo que se cumpla antes.

MAD se reserva el derecho a ampliar dichas fechas.

Técnico/a en Cuidados Auxiliares de Enfermería del Servicio Riojano de Salud

Septiembre, 2025

Técnico/a en Cuidados Auxiliares de Enfermería del Servicio Riojano de Salud

Test del Temario

Autores

DOMINGO GÓMEZ MARTÍNEZ
Licenciado en Derecho
Técnico de Función Administrativa

FRANCISCO JESÚS TORRES FONSECA
Licenciado en Derecho

JOSÉ LUIS GARRIDO VELA
Licenciado en Derecho

TERESA MARÍA TORRES FONSECA
Licenciada en Derecho

CARMEN ROSA JUNQUERA VELASCO
Diplomada Universitaria en Enfermería

M.ª DEL CARMEN SILVA GARCÍA
Diplomada Universitaria en Enfermería
Técnica Especialista de Laboratorio

MANUEL ALÉS REINA
Diplomado Universitario en Enfermería

ROCÍO CLAVIJO GAMERO
Licenciada en Psicología

M.ª JOSÉ GARCÍA BERMEJO
Licenciada en Biología
Técnico Especialista en Laboratorio

ADELA EMILIA GÓMEZ AYALA
Licenciada en Farmacia

HERMINIA ANDRADES ROMERO
Diplomada en Fisioterapia.
Técnico Superior en Imagen para el Diagnóstico.
Técnica Superior en Laboratorio de Análisis Clínico

© 7 Editores Recursos para la Cualificación Profesional y el Empleo, S.L. (7 Editores)
© Los autores
Primera edición, septiembre 2025 (238 páginas)
Derechos de edición reservados a favor de 7 Editores
IMPRESO EN ESPAÑA
Diseño Portada: 7 Editores
Edita: 7 Editores
Avda. San Francisco Javier, 9 · Edificio Sevilla 2 · Planta 11 · Módulos 25-27 · 41018 Sevilla
Teléfono: 954 784 411 · WEB: www.mad.es · e-mail: administracion@7editores.com
ISBN: 978-84-142-9916-6
© "Editorial Mad" y "Eduforma" son nombres comerciales registrados de
7 Editores Recursos para la Cualificación Profesional y el Empleo, S.L.

Índice

TEST
PARTE GENERAL

TEST N.º 1

La Constitución Española de 1978

1. ¿En qué se fundamenta la Constitución Española?

a) En un Estado social y democrático de Derecho.
b) En la indisoluble unidad de la Nación española.
c) En la independencia de los poderes del Estado.
d) En la organización territorial del Estado.

2. Según el artículo 3 de la CE, el castellano es la lengua oficial del Estado y todos los españoles:

a) Tienen el deber de usar y el derecho de conocer el castellano.
b) Tienen el derecho y el deber de conocer el castellano.
c) Tienen el deber de conocer y el derecho de usar el castellano.
d) Tienen el derecho de conocer y usar el castellano.

3. La Constitución Española reconoce y garantiza el derecho a la autonomía:

a) De las nacionalidades que la integran.
b) De las regiones que la integran.
c) De las Comunidades Autónomas que la integran.
d) De las nacionalidades y regiones que la integran.

4. El Preámbulo de la Constitución:

a) Tiene en sí carácter de norma jurídica.
b) Es una declaración de intenciones, destinada a interpretar lo que se quiere alcanzar con el contenido normativo de la Constitución.
c) Se trata de un texto sin fuerza jurídica de obligar.
d) Las respuestas b) y c) son correctas.

5. Señala la respuesta correcta, respecto de la aprobación, ratificación y publicación de la Constitución Española:

a) Aprobada por las Cortes el 31 de octubre de 1978, ratificada por el pueblo en referéndum el 6 de diciembre de 1978 y publicada el 29 de diciembre de 1978.
b) Aprobada por las Cortes el 30 de octubre de 1978, ratificada por el pueblo en referéndum el 16 de diciembre de 1978 y publicada el 27 de diciembre de 1978.
c) Aprobada por las Cortes el 31 de octubre de 1978, ratificada por el pueblo en referéndum el 16 de diciembre de 1978 y publicada el 29 de diciembre de 1978.
d) Aprobada por las Cortes el 10 de octubre de 1978, ratificada por el pueblo en referéndum el 26 de diciembre de 1978 y publicada el 30 de diciembre de 1978.

6. ¿En qué parte de la Carta Magna se establece la exposición de motivos que impulsan la norma constitucional y los objetivos que con ella se pretenden alcanzar?

a) En el Título Preliminar.
b) En el Preámbulo.
c) En el Título I.
d) En el Título II.

7. La Constitución Española fue sancionada por:

a) El Rey.
b) El Presidente del Congreso.
c) Las Cortes Generales.
d) El Presidente del Gobierno.

8. ¿Cuáles de los siguientes españoles de origen pueden ser privados de su nacionalidad?

a) Exclusivamente los miembros de grupos terroristas.
b) Los miembros de grupos terroristas y los que atenten contra el Rey u otro miembro de la Casa Real.
c) Los que atenten contra un miembro de la Familia Real o del Gobierno de la Nación.
d) Ningún español de origen podrá ser privado de su nacionalidad.

9. Según la CE son fundamentos del orden político y la paz social:

a) La dignidad de la persona, los derechos violables que les son inherentes y el respeto a la ley.
b) La dignidad de la persona, el desarrollo limitado de la personalidad y el respeto a la ley.

c) El respeto a la ley, a los reglamentos administrativos y demás disposiciones legales.

d) La dignidad de la persona, los derechos inviolables que le son inherentes, el libre desarrollo de su personalidad, el respeto a la ley y a los derechos de los demás.

10. ¿Cuál de los siguientes es considerado por la CE como uno de los valores superiores del ordenamiento jurídico?

a) La jerarquía normativa.

b) El pluralismo político.

c) La publicidad normativa.

d) La equidad.

11. Señala la respuesta incorrecta respecto al Tribunal Constitucional:

a) Se organiza a través de las figuras del Presidente, el Pleno, las Salas y las Secciones.

b) El Presidente, será nombrado entre sus miembros por el Rey, a propuesta del mismo Tribunal en Pleno y por un período de tres años.

c) El Pleno lo preside el Presidente del Tribunal y, en su defecto, el Vicepresidente y, a falta de ambos, el Magistrado de mayor edad.

d) La distribución de asuntos entre las Salas del Tribunal se efectuará según un turno establecido por el Pleno a propuesta de su Presidente.

12. Para la adopción de los acuerdos de las Secciones del Tribunal Constitucional, se requerirá:

a) La presencia siempre de sus tres miembros.

b) La presencia de dos miembros, salvo que haya discrepancia, requiriéndose entonces la de sus tres miembros.

c) La presencia de tres miembros, salvo que haya discrepancia, requiriéndose entonces la de sus cinco miembros.

d) La presencia siempre de sus cinco miembros.

13. Señala la respuesta incorrecta respecto a las sentencias del Tribunal Constitucional:

a) Las sentencias y resoluciones del Tribunal Constitucional tendrán la consideración de títulos declarativos.

b) Todos los poderes públicos están obligados al cumplimiento de lo que el Tribunal Constitucional resuelva.

c) Las sentencias del Tribunal Constitucional se publicarán en el Boletín Oficial del Estado con los votos particulares, si los hubiere.

d) Salvo que en el fallo se disponga otra cosa, subsistirá la vigencia de la ley en la parte no afectada por la inconstitucionalidad.

14. ¿Quién nombra a los miembros del Tribunal Constitucional?

a) El Rey.
b) El Presidente del Gobierno.
c) Las Cortes Generales.
d) El Presidente del Tribunal Constitucional.

15. ¿Cuántos de los miembros del Tribunal Constitucional son propuestos por el Consejo General del Poder Judicial?

a) Cuatro.
b) Tres.
c) Dos.
d) Ninguno.

16. La iniciativa económica pública en España:

a) Debe ser subsidiaria de la privada.
b) Se prohíbe al consagrarse la libertad de empresa en el marco de la economía de mercado.
c) Está reconocida por la Constitución.
d) Se ejercerá solo cuando la planificación la imponga.

17. La planificación de la actividad económica se hará a través de:

a) Consenso con las fuerzas sociales.
b) Ley.
c) Decreto del Consejo de Ministros.
d) Todo lo anterior.

18. La creación de un tributo por una Corporación Local:

a) Se permite solo para su ámbito de actuación.
b) Está permitida, sin limitación alguna.
c) No se admite en nuestro ordenamiento jurídico.
d) Nada de lo expuesto es correcto.

19. En virtud del principio de progresividad tributaria:

a) Se implantarán paulatinamente cada vez mayores tributos.
b) Los tipos impositivos serán regresivos.
c) Prima el principio de igualdad en el pago de los tributos.
d) Nada de lo expuesto es cierto.

20. Además de en la vida económica y política, los poderes públicos deben fomentar la participación de los ciudadanos en la vida:

a) Cultural.
b) Social.
c) Corporativa.
d) Las respuestas a) y b) son correctas.

En MADTEST tienes **más preguntas de este tema**, y todos tus avances quedan registrados y se reflejan en el ranking.

¡Supera tus límites con MADTEST!

Solución al test n.º 1

1. b) En la indisoluble unidad de la Nación española.

2. c) Tienen el deber de conocer y el derecho de usar el castellano.

3. d) De las nacionalidades y regiones que la integran.

4. d) Las respuestas b) y c) son correctas.

5. a) Aprobada por las Cortes el 31 de octubre de 1978, ratificada por el pueblo en referéndum el 6 de diciembre de 1978 y publicada el 29 de diciembre de 1978.

6. b) En el Preámbulo.

7. a) El Rey.

8. d) Ningún español de origen podrá ser privado de su nacionalidad.

9. d) La dignidad de la persona, los derechos inviolables que le son inherentes, el libre desarrollo de su personalidad, el respeto a la ley y a los derechos de los demás.

10. b) El pluralismo político.

11. c) El Pleno lo preside el Presidente del Tribunal y, en su defecto, el Vicepresidente y, a falta de ambos, el Magistrado de mayor edad.

12. b) La presencia de dos miembros, salvo que haya discrepancia, requiriéndose entonces la de sus tres miembros.

13. a) Las sentencias y resoluciones del Tribunal Constitucional tendrán la consideración de títulos declarativos.

14. a) El Rey.

15. c) Dos.

16. c) Está reconocida por la Constitución.

17. b) Ley.

18. c) No se admite en nuestro ordenamiento jurídico.

19. d) Nada de lo expuesto es cierto.

20. d) Las respuestas a) y b) son correctas.

TEST N.º 2

El Estatuto de Autonomía de La Rioja

1. ¿Mediante que Ley Orgánica fue inicialmente aprobado el Estatuto de la Comunidad Autónoma de La Rioja?

a) Ley Orgánica 2/1983, de 9 de junio.
b) Ley Orgánica 3/1982, de 9 de junio.
c) Ley Orgánica 2/1985, de 9 de junio.
d) Ley Orgánica 2/1982, de 9 de junio.

2. El vigente Estatuto de Autonomía de La Rioja se estructura en:

a) 58 artículos, 4 Disposiciones Adicionales y 12 Disposiciones Transitorias.
b) 56 artículos, 4 Disposiciones Adicionales y 12 Disposiciones Transitorias.
c) 56 artículos, 14 Disposiciones Adicionales y 12 Disposiciones Transitorias.
d) 58 artículos, 14 Disposiciones Adicionales y 12 Disposiciones Transitorias.

3. El Título III de Estatuto trata de:

a) De la financiación de la Comunidad.
b) De la reforma del Estatuto.
c) De la Administración y el Régimen Jurídico.
d) De las competencias de la Comunidad Autónoma.

4. ¿Cuál de las siguientes no es una competencia exclusiva de la Comunidad Autónoma de La Rioja?

a) La ordenación del territorio, urbanismo y vivienda.
b) Asistencia y servicios sociales.
c) Tratamiento especial de las zonas de montaña.
d) Sanidad e higiene.

5. ¿En cuál de las siguientes materias no ostenta competencia de legislativa y ejecución la Comunidad Autónoma de La Rioja?

a) Ordenación farmacéutica.
b) Régimen local.
c) Pesca fluvial y lacustre, acuicultura y caza.
d) Régimen minero y energético.

6. ¿Qué regula la Ley 3/2001, de 31 de mayo?

a) El Parlamento de La Rioja.
b) El Gobierno y la Administración Pública de La Rioja.
c) El Defensor del Pueblo riojano.
d) El Consejo Consultivo de La Rioja.

7. La Ley que regula el Defensor del Pueblo riojano, ¿cuál es?

a) Ley 8/2003, de 28 de octubre.
b) Ley 3/1995, de 8 de marzo.
c) Ley 6/2006, de 2 de mayo.
d) Ley 4/2005, de 1 de junio.

8. ¿De qué año es el Reglamento Orgánico y Funcional del Consejo Consultivo de La Rioja?

a) 2006.
b) 2004.
c) 2003.
d) 2002.

9. ¿A través de qué norma se regulan las incompatibilidades de los miembros del Gobierno?

a) Ley.
b) Decreto.
c) Resolución.
d) Reglamento.

10. ¿Quién nombra al Presidente del Tribunal Superior de Justicia de La Rioja?

a) El Presidente de La Rioja, a propuesta del Rey.
b) El Rey a propuesta del Consejo General del Poder Judicial.
c) El Consejo General del Poder Judicial a propuesta del Gobierno de La Rioja.
d) El Rey a propuesta del Gobierno de La Rioja.

11. La Administración Pública y de Justicia, ¿en qué título del Estatuto de Autonomía riojano se regula?

a) Título II.
b) Título III.
c) Título IV.
d) Título V.

12. ¿Qué regula la Ley 4/2005, de 1 de junio?

a) El Gobierno y las Incompatibilidades de sus miembros.
b) El Defensor del Pueblo.
c) El Régimen Jurídico del Gobierno y la Administración Pública de la Comunidad Autónoma de La Rioja.
d) El Funcionamiento y Régimen Jurídico de la Administración de la Comunidad Autónoma de La Rioja.

13. La composición y las funciones del Consejo Consultivo de La Rioja deben regularse por:

a) Decreto.
b) Ley.
c) Resolución.
d) Ninguna es correcta.

14. ¿Qué órgano ejerce el control de constitucionalidad, al que están sometidas las leyes de la Comunidad Autónoma de La Rioja?

a) El Tribunal Superior de Justicia de La Rioja.
b) El Parlamento de La Rioja.
c) El Tribunal Constitucional.
d) El Tribunal Supremo.

15. Las normas reglamentarias y los actos y acuerdos emanados de los órganos ejecutivos y administrativos de la Comunidad Autónoma de La Rioja, serán recurribles ante, ¿qué jurisdicción?

a) La jurisdicción contencioso-administrativa.
b) La jurisdicción penal.
c) La jurisdicción civil.
d) La jurisdicción social.

16. Señala la respuesta incorrecta. No es una función propia del Parlamento de La Rioja:

a) El desarrollo de la legislación del Estado en aquellas materias que así le corresponda.
b) Interponer recursos ante el Tribunal Constitucional y personarse ante el mismo en las actuaciones en que así proceda.

c) Elegir al Presidente del Tribunal Superior de Justicia de La Rioja.

d) Ejercer, en general, cuantas competencias le sean atribuidas por la Constitución, por el Estatuto y por las Leyes del Estado y de La Rioja.

17. El Parlamento estará integrado por:

a) Un mínimo de 30 y un máximo de 40 Diputados.

b) Un mínimo de 32 y un máximo de 40 Diputados.

c) Un mínimo de 30 y un máximo de 42 Diputados.

d) Un mínimo de 32 y un máximo de 42 Diputados.

18. El Parlamento se reunirá anualmente en 2 períodos ordinario de sesiones:

a) El primero, de septiembre a diciembre, y el segundo, de febrero a junio.

b) El primero, de enero a junio, y el segundo, de septiembre a diciembre.

c) El primero, de febrero a junio, y el segundo, de septiembre a diciembre.

d) El primero, de septiembre a diciembre, y el segundo, de enero a junio.

19. El Gobierno está integrado por:

a) Presidente de la Comunidad Autónoma, el Vicepresidente y los Vicepresidentes.

b) Presidente de la Comunidad Autónoma, el Vicepresidente o Vicepresidentes, en su caso, y los Consejeros.

c) Presidente de la Comunidad Autónoma, el Vicepresidente o Vicepresidentes, en su caso, y los Ministros.

d) Presidente de la Comunidad Autónoma y los Consejeros.

20. Señala la respuesta incorrecta. En el ejercicio de sus competencias, la Administración de la Comunidad Autónoma de La Rioja gozará de las potestades y prerrogativas propias de la Administración del Estado, entre las que se encuentran:

a) Potestad expropiatoria y de investigación, deslinde y recuperación de oficio en materia de bienes.

b) Potestad de sanción dentro de los límites que establezca la Ley y las disposiciones que la desarrollen.

c) Facultad de utilizar el procedimiento de apremio.

d) Facultad de control del Parlamento de la Comunidad.

En MADTEST tienes **más preguntas de este tema**, y todos tus avances quedan registrados y se reflejan en el ranking.

¡Supera tus límites con MADTEST!

Solución al test n.º 2

1. b) Ley Orgánica 3/1982, de 9 de junio.

2. a) 58 artículos, 4 Disposiciones Adicionales y 12 Disposiciones Transitorias.

3. c) De la Administración y el Régimen Jurídico.

4. d) Sanidad e higiene.

5. c) Pesca fluvial y lacustre, acuicultura y caza.

6. d) El Consejo Consultivo de La Rioja.

7. c) Ley 6/2006, de 2 de mayo.

8. d) 2002.

9. a) Ley.

10. b) El Rey a propuesta del Consejo General del Poder Judicial.

11. b) Título III.

12. d) El Funcionamiento y Régimen Jurídico de la Administración de la Comunidad Autónoma de La Rioja.

13. b) Ley.

14. c) El Tribunal Constitucional.

15. a) La jurisdicción contencioso-administrativa.

16. c) Elegir al Presidente del Tribunal Superior de Justicia de La Rioja.

17. b) Un mínimo de 32 y un máximo de 40 Diputados.

18. a) El primero, de septiembre a diciembre, y el segundo, de febrero a junio.

19. b) Presidente de la Comunidad Autónoma, el Vicepresidente o Vicepresidentes, en su caso, y los Consejeros.

20. d) Facultad de control del Parlamento de la Comunidad.

TEST N.º 3

Ley 14/1986, de 25 de abril, General de Sanidad

1. ¿Qué norma regula los aspectos básicos de las profesiones sanitarias tituladas en lo que se refiere a su ejercicio por cuenta propia o ajena?

a) La Ley 41/2002, de 14 de noviembre.
b) La Ley 16/2003, de 28 de mayo.
c) La Ley 44/2003, de 21 de noviembre.
d) La Ley 15/1997, de 25 de abril.

2. ¿De cuántos artículos consta la Ley 14/1986 de 25 de abril, General de Sanidad?

a) 109.
b) 111.
c) 113.
d) 116.

3. La Ley 14/1986 de 25 de abril, General de Sanidad, se estructura en:

a) Un Título Preliminar, siete Títulos, diez Disposiciones Adicionales, seis Disposiciones Transitorias, dos Disposiciones Derogatorias y dieciséis Disposiciones Finales.
b) Un Título Preliminar, seis Títulos, diez Disposiciones Adicionales, siete Disposiciones Transitorias, dos Disposiciones Derogatorias y dieciséis Disposiciones Finales.
c) Un Título Preliminar, siete Títulos, diez Disposiciones Adicionales, siete Disposiciones Transitorias, tres Disposiciones Derogatorias y dieciséis Disposiciones Finales.
d) Un Título Preliminar, siete Títulos, diez Disposiciones Adicionales, seis Disposiciones Transitorias, tres Disposiciones Derogatorias y dieciséis Disposiciones Finales.

4. ¿Qué artículo de nuestra Carta Magna proclama que "corresponde a los poderes públicos promover las condiciones para que la libertad y la igualdad del individuo y de los grupos en que se integra sean reales y efectivas?

a) El art. 9.1.
b) El art. 9.2.

c) El art. 43.1.
d) El art. 43.3.

5. La Ley 14/1986, de 25 de abril, General de Sanidad, establece que las piezas básicas de los Servicios de Salud de las Comunidades Autónomas son:

a) Las Áreas de Salud.
b) Los Distritos Sanitarios.
c) Las Comarcas Sanitarias.
d) Las Zonas de Salud.

6. La Ley 14/1986, de 25 de abril, General de Sanidad, tiene como objeto la regulación general de todas las acciones que permitan hacer efectivo el derecho a la protección de la salud reconocido en el artículo:

a) 15 de la Constitución Española.
b) 19 de la Constitución Española.
c) 33 de la Constitución Española.
d) 43 de la Constitución Española.

7. Las funciones de Alta Inspección se ejercerán:

a) Por los órganos del Estado competentes en materia de sanidad.
b) Por los órganos de las Comunidades Autónomas competentes en materia de sanidad.
c) Por los órganos de las Corporaciones Locales competentes en materia de sanidad.
d) Todas las respuestas son correctas.

8. Los funcionarios de la Administración del Estado que ejerzan la Alta Inspección gozarán, a todos los efectos, de las consideraciones de:

a) Agentes de la autoridad.
b) Autoridad pública.
c) Policía.
d) Delegados de la Autoridad.

9. Cuando, como consecuencia del ejercicio de las funciones de Alta Inspección, se comprueben incumplimientos por parte de la Comunidad Autónoma, las autoridades sanitarias del Estado le advertirán de esta circunstancia a través de:

a) El Consejo de Estado.
b) El Ministro de Sanidad, Servicios Sociales e Igualdad.
c) El Delegado del Gobierno.
d) El Consejo Interterritorial del Sistema Nacional de Salud.

10. ¿Con qué periodicidad presentará la Alta Inspección del Sistema Nacional de Salud una memoria sobre el funcionamiento del sistema ante el Consejo Interterritorial del Sistema Nacional de Salud para su debate?

a) Cada dos años.
b) Anualmente.
c) Semestralmente.
d) Trimestralmente.

11. Las Áreas de Salud se delimitan teniendo en cuenta factores:

a) Climatológicos y de dotación de vías y medios de comunicación.
b) Geográficos y demográficos.
c) Socioeconómicos y culturales.
d) Todas las respuestas son correctas.

12. Como regla general el área de salud extenderá su acción a una población:

a) No inferior a 100.000 habitantes ni superior a 150.000.
b) No inferior a 200.000 habitantes ni superior a 250.000.
c) No inferior a 250.000 habitantes ni superior a 300.000.
d) No inferior a 300.000 habitantes ni superior a 500.000.

13. ¿Qué Comunidades Autónomas y/o Ciudades Autónomas se exceptúan de la regla que hemos visto en la pregunta anterior, pudiéndose acomodar a sus específicas peculiaridades?

a) Baleares, Ceuta y Melilla.
b) Baleares y Canarias.
c) Canarias, Ceuta y Melilla.
d) Baleares, Canarias, Ceuta y Melilla.

14. Según dispone al artículo 56.5 LGS, cada provincia tendrá, en todo caso y como mínimo:

a) Un área de salud.
b) Dos áreas de salud.
c) Tres áreas de salud.
d) Cuatro áreas de salud.

15. ¿Cómo se denomina el órgano de participación de las Áreas de Salud?

a) Consejo de salud de área.
b) Consejo de dirección de área.
c) Comisión de salud del área.
d) Comité de Participación del Área de Salud.

16. Los Consejos de salud de área estarán constituidos por:

a) Las organizaciones sindicales más representativas, en una proporción no inferior al 50 %, a través de los profesionales sanitarios titulados.

b) La representación de los ciudadanos a través de las Corporaciones Locales comprendidas en su demarcación, que supondrá el 25 % de sus miembros.

c) La Administración sanitaria del área de salud.

d) Todas las respuestas son correctas.

17. ¿A quién le corresponde la aprobación del proyecto del Plan de Salud del área, dentro de las normas, directrices y programas generales establecidos por la Comunidad Autónoma?

a) Al Consejo de Salud de área.

b) Al Consejo de Dirección de área.

c) Al Gerente de área.

d) Al Consejo Interterritorial del Sistema Nacional de Salud.

18. Señala la respuesta incorrecta:

a) Al Consejo de dirección del área de salud corresponde formular las directrices en política de salud y controlar la gestión del área, dentro de las normas y programas generales establecidos por la Administración autonómica.

b) Los Consejos de salud de área son órganos colegiados de participación comunitaria para la consulta y el seguimiento de la gestión, en los que participaran las organizaciones empresariales y sindicales.

c) El Gerente del área de salud es el órgano de gestión de la misma y podrá, previa convocatoria, asistir con voz y voto, a las reuniones del Consejo de dirección.

d) El centro de salud sirve como centro de reunión entre la comunidad y los profesionales sanitarios.

19. El Gerente del área de salud será nombrado y cesado por la dirección del servicio de salud de la Comunidad Autónoma, a propuesta de:

a) El Consejo de dirección del área.

b) El Consejo de salud del área.

c) La Consejería de Sanidad de la Comunidad Autónoma.

d) El Consejo de Gerencia de la zona.

20. ¿A quién corresponde, conforme al art. 60.3 LGS, presentar los anteproyectos del Plan de Salud y de sus adaptaciones anuales así como el proyecto de memoria anual del área de salud?

a) Al Consejo de salud del área.

b) Al Consejo de dirección del área.

c) Al Gerente del área de salud.
d) A las Consejerías de Sanidad de las Comunidades Autónomas.

En MADTEST tienes **más preguntas de este tema**, y todos tus avances quedan registrados y se reflejan en el ranking.

¡Supera tus límites con MADTEST!

Solución al test n.º 3

1. c) La Ley 44/2003, de 21 de noviembre.

2. d) 116.

3. a) Un Título Preliminar, siete Títulos, diez Disposiciones Adicionales, seis Disposiciones Transitorias, dos Disposiciones Derogatorias y dieciséis Disposiciones Finales.

4. b) El art. 9.2.

5. a) Las Áreas de Salud.

6. d) 43 de la Constitución Española.

7. a) Por los órganos del Estado competentes en materia de sanidad.

8. b) Autoridad pública.

9. c) El Delegado del Gobierno.

10. b) Anualmente.

11. d) Todas las respuestas son correctas.

12. b) No inferior a 200.000 habitantes ni superior a 250.000.

13. d) Baleares, Canarias, Ceuta y Melilla.

14. a) Un área de salud.

15. a) Consejo de salud de área.

16. c) La Administración sanitaria del área de salud.

17. b) Al Consejo de Dirección de área.

18. c) El Gerente del área de salud es el órgano de gestión de la misma y podrá, previa convocatoria, asistir con voz y voto, a las reuniones del Consejo de dirección.

19. a) El Consejo de dirección del área.

20. c) Al Gerente del área de salud.

TEST N.º 4

Ley 2/2002, de 17 de abril, de Salud de La Rioja

1. ¿En cuántos títulos se divide la Ley de Salud de La Rioja?

a) En ocho.
b) En diez.
c) En once.
d) En doce.

2. Señala cuál de los siguientes no constituye un principio orientador establecido en la Ley de Salud de La Rioja:

a) Centralización y responsabilidad en la gestión de los servicios.
b) Integración funcional de los recursos sanitarios públicos.
c) Universalización de la atención sanitaria.
d) Eficacia, efectividad, eficiencia y flexibilidad de la organización sanitaria.

3. ¿Está sujeto a alguna forma el consentimiento informado según la Ley de Salud de La Rioja?

a) No, en ningún caso.
b) No, salvo en algunos casos.
c) Sí, siempre deberá formalizarse por escrito.
d) Sí, sólo en caso de intervenciones quirúrgicas por riesgo grave.

4. ¿Cuál de los siguientes es un derecho relacionado con la promoción y protección de la salud y la prevención de la enfermedad?

a) El derecho a consumir alimentos seguros y a disponer de agua potable.
b) El derecho a recibir prestaciones preventivas dentro del marco de la consulta habitual bajo la responsabilidad de los profesionales.
c) El derecho a obtener medicamentos y productos sanitarios para la salud en los términos que establece la legislación que resulte aplicable.
d) Son correctas a) y b).

5. ¿Cuál es el órgano que tiene como objeto principal el intermediar en los conflictos que planteen los ciudadanos como usuarios del Sistema Público de Salud de La Rioja?

a) El Gerente del Servicio Riojano de Salud.
b) El Consejero de Salud.
c) El Defensor del Usuario.
d) El Consejo Riojano de Salud.

6. ¿Cuáles son los ámbitos de actuación en que se ordenan funcionalmente los servicios sanitarios de la Comunidad Autónoma de La Rioja?

a) Salud Pública, Salud Laboral y Asistencia Sanitaria.
b) Salud Pública, Salud Privada y Salud Laboral.
c) Salud Pública, Asistencia Primaria y Atención Especializada.
d) Ninguna es correcta.

7. Los Consejos de Salud de Área estarán adscritos a:

a) El Consejo de Administración del Servicio Riojano de Salud.
b) El Consejo de Salud de Zona.
c) El Consejo Riojano de Salud.
d) La Gerencia del Servicio Riojano de Salud.

8. Conforme a la Ley de Salud de La Rioja, tienen el carácter de Autoridad Sanitaria:

a) El titular de la Consejería de Salud.
b) Los Alcaldes.
c) El Gobierno de La Rioja.
d) Todos los anteriores tienen el carácter de Autoridad Sanitaria.

9. El Servicio Riojano de Salud es:

a) Un organismo público laboral.
b) Un organismo autónomo administrativo.
c) Una entidad privada de provisión, gestión y administración de la asistencia sanitaria pública.
d) Una entidad pública empresarial adscrita a la Consejería de Salud.

10. ¿Qué órgano elabora la Memoria Anual del Servicio Riojano de Salud?

a) El Presidente.
b) El Vicepresidente.
c) El Gerente.
d) El Consejo de Administración.

11. Será competente para resolver los procedimientos de revisión de oficio de los actos administrativos nulos dictados por el Presidente del Servicio Riojano de Salud:

a) El Consejo de Gobierno.
b) El titular de la Consejería de Salud.
c) El Consejo Riojano de Salud.
d) El Consejo de Administración del Servicio Riojano de Salud.

12. ¿Cuántos vocales, en representación de los municipios, integrarán el Consejo de Administración del Servicio Riojano de Salud?

a) Uno.
b) Dos.
c) Tres.
d) Cuatro.

13. El presupuesto del Servicio Riojano de Salud se elaborará de acuerdo con los objetivos previstos en:

a) La Ley de Presupuestos de la Comunidad Autónoma de La Rioja.
b) El Plan de Salud de La Rioja.
c) La Ley 3/2003, de 3 de marzo, de organización del Sector Público de la Comunidad Autónoma de La Rioja.
d) El régimen de contabilidad pública establecido para la Administración de la Comunidad Autónoma de La Rioja.

14. ¿Qué son los conciertos sanitarios?

a) Son los suscritos entre la administración sanitaria y las entidades privadas titulares de centros y/o servicios sanitarios.
b) Son los suscritos entre la administración sanitaria y entidades privadas titulares de centros hospitalarios, para la vinculación de los mismos al Sistema Público de Salud de La Rioja.
c) Son los suscritos entre la administración sanitaria y las entidades públicas titulares de centros y/o servicios sanitarios.
d) Son los suscritos entre la administración sanitaria y las Empresas y Asociaciones empresariales autorizadas para la colaboración en la asistencia sanitaria o sociosanitaria.

15. Los órganos colegiados de participación ciudadana consultivos y de asesoramiento en el ámbito de las Zonas Básicas de Salud, son:

a) Los Consejos Territoriales de Salud.
b) Los Centros de Salud.
c) Los Consejos de Salud de Zona.
d) Los Consejos de Salud de Área.

16. Según la Ley de Salud de La Rioja, tienen el carácter de entidades colaboradoras de la gestión sanitaria:

a) Los seguros libres de accidentes de tráfico.
b) Las Mutuas de Accidentes de Trabajo y Enfermedades Profesionales.
c) Los regímenes de asistencia sanitaria de los funcionarios públicos.
d) Todas son correctas.

17. El personal del Servicio Riojano de Salud estará formado por:

a) El personal estatutario que ha sido transferido a la Comunidad Autónoma de La Rioja para el desempeño de las funciones y servicios del Instituto Nacional de la Salud.
b) El personal funcionario de la Administración de la Comunidad Autónoma de La Rioja que preste sus servicios en el ámbito sanitario y que se le adscriba.
c) El personal laboral de la Administración de la Comunidad Autónoma de La Rioja que preste sus servicios en el ámbito sanitario y que se le adscriba.
d) Todos los anteriores son correctos.

18. ¿Cómo se denomina el Título VI de la Ley de Salud de La Rioja?

a) De la financiación del Sistema Público de Salud de La Rioja.
b) De las competencias de las Administraciones Públicas.
c) Del Sistema Público de Salud de La Rioja.
d) De los órganos de participación comunitaria.

19. ¿En cuántas Áreas de Salud se organiza el Sistema Público de Salud de La Rioja?

a) En cinco.
b) En una.
c) En tres.
d) En dos.

20. Indica cuáles de los siguientes no son órganos de dirección del Área de Salud de La Rioja:

a) Directores de Área.
b) Subdirectores de Área.
c) Director Gerente de Área.
d) Directores de Zona.

En MADTEST tienes **más preguntas de este tema,** y todos tus avances quedan registrados y se reflejan en el ranking.

¡Supera tus límites con MADTEST!

Solución al test n.º 4

1. c) En once.

2. a) Centralización y responsabilidad en la gestión de los servicios.

3. b) No, salvo en algunos casos.

4. d) Son correctas a) y b).

5. c) El Defensor del Usuario.

6. a) Salud Pública, Salud Laboral y Asistencia Sanitaria.

7. c) El Consejo Riojano de Salud.

8. d) Todos los anteriores tienen el carácter de Autoridad Sanitaria.

9. b) Un organismo autónomo administrativo.

10. c) El Gerente.

11. a) El Consejo de Gobierno.

12. b) Dos.

13. b) El Plan de Salud de La Rioja.

14. a) Son los suscritos entre la administración sanitaria y las entidades privadas titulares de centros y/o servicios sanitarios.

15. c) Los Consejos de Salud de Zona.

16. d) Todas son correctas.

17. d) Todos los anteriores son correctos.

18. b) De las competencias de las Administraciones Públicas.

19. b) En una.

20. d) Directores de Zona.

TEST N.º 5

Ley 41/2002, de 14 de Noviembre, Básica Reguladora de la Autonomía del Paciente y de Derechos y Obligaciones en Materia de Información y Documentación Clínica

1. La Ley de Autonomía del Paciente establece la obligatoriedad de obtener el consentimiento informado del paciente:

a) Sólo en los casos de intervención quirúrgica.
b) Sólo en los casos de aplicación de procedimientos que supongan grandes riesgos o inconvenientes de notoria repercusión negativa sobre su salud.
c) Para toda actuación en el ámbito de su salud.
d) La Ley no establece esta obligación.

2. Tal y como establece la Ley 41/2002, de Autonomía del Paciente, en caso de que el paciente no acepte el tratamiento se le propondrá que firme el alta voluntaria y si no la firma la Dirección del Centro:

a) Puede disponer el alta forzosa.
b) Firmará en su nombre el alta involuntaria.
c) Mantendrá el ingreso por periodo mínimo de cinco días naturales.
d) No está reconocida la negativa al tratamiento de los pacientes.

3. El derecho del paciente a no ser informado:

a) No está reconocido por la ley.
b) Podrá restringirse en cualquier momento.
c) Podrá restringirse cuando sea estrictamente necesario en beneficio del paciente.
d) Sólo podrá ejercitarse si el paciente designa a un familiar o a otra persona a la que se le facilite la información.

4. El reconocimiento legal de que se respeten los deseos expresados anteriormente en el documento de *instrucciones previas* es una manifestación del derecho:

a) A la información sanitaria.
b) A la segunda opinión.

c) A la autonomía del paciente.
d) A la información post-mortem.

5. Indica la proposición incorrecta en relación con los requisitos del consentimiento:

a) Debe ser libre.
b) Debe ser voluntario.
c) La decisión de consentir debe anteceder a una información adecuada.
d) La persona que lo presta debe tener capacidad para conocer, comprender y querer el alcance de su decisión.

6. La Ley 41/2002, de Autonomía del paciente, establece que, como regla general, el consentimiento se manifestará en forma:

a) Verbal.
b) Escrita.
c) Documental.
d) Ante testigos.

7. Según establece la Ley 41/2002, de Autonomía del Paciente, el paciente o usuario tiene derecho a decidir libremente entre las opciones clínicas disponibles después de recibir:

a) Información completa.
b) Información adecuada.
c) Información documental.
d) Información escrita.

8. La renuncia del paciente a recibir información:

a) No se reconoce por la ley.
b) Está limitada por el interés de la salud del propio paciente.
c) No está limitada por el interés de la salud de terceros.
d) Ninguna de las anteriores es correcta.

9. Uno de los fundamentos éticos del consentimiento informado es el principio de *autonomía*. En aplicación del mismo el profesional sanitario tiene el deber de:

a) Evitar el mal del paciente.
b) Hacer el bien al paciente.
c) Respetar la libre determinación del paciente.
d) Actuar sin discriminación.

10. Según establece la Ley 41/2002, de Autonomía del paciente, ha de constar siempre por escrito:

a) La información al paciente.
b) El consentimiento informado.
c) La aceptación del tratamiento.
d) La negativa al tratamiento.

11. En la legislación sanitaria española, el consentimiento escrito del paciente:

a) Es una exigencia legal.
b) Es conveniente.
c) Es obligatorio en determinados supuestos.
d) No es necesario.

12. Según establece la Ley de Autonomía del Paciente, el consentimiento se prestará por escrito en el caso de:

a) Realización de una actuación sanitaria en el paciente.
b) Aplicación en el paciente de un procedimiento no invasor.
c) Intervención quirúrgica.
d) Aplicación de procedimientos de imprevisible repercusión negativa sobre la salud del paciente.

13. Para que un paciente o usuario otorgue válidamente su consentimiento a un tratamiento, el facultativo le ha de transmitir previamente:

a) Información escrita.
b) Información total y comprensible.
c) Información adecuada, comprensible y razonable.
d) Confianza.

14. La firma de un paciente analfabeto plasmada en el «documento formulario de consentimiento informado» con carácter previo a su intervención quirúrgica:

a) Significa que el paciente ha sido informado adecuadamente.
b) No tiene ninguna validez.
c) No tiene valor en sí misma, lo que no significa que no se pueda acreditar que ha existido información y ha consentido libremente.
d) Tendrá validez si incorpora una diligencia del facultativo indicando la condición del paciente.

15. En relación con el Documento de Consentimiento Informado:

a) Existe un formato unificado en el Sistema Nacional de Salud.
b) Cada Área Sanitaria fijará el suyo.

c) Las Administraciones Sanitarias, Servicios Sanitarios, Sociedades Científicas, Centros Hospitalarios, etc., fijan el que consideran más adecuado en el ámbito de sus competencias.

d) Es cierta la c), siempre que contenga tres partes: Preámbulo, Cuerpo y Aceptación.

16. Al respecto de la parte del Documento de Consentimiento Informado denominado *Aceptación*, señale la respuesta falsa:

a) Recoge la manifestación de conformidad del usuario de acogerse a la intervención o el procedimiento, debiendo suscribirla inexcusablemente con su firma.

b) Firmarán siempre el facultativo y los testigos o representantes que, en su caso, procedan.

c) En ella el usuario manifiesta que ha sido informado por el facultativo y que ha entendido lo que éste le ha dicho.

d) En ella el usuario manifiesta que ha sido informado por el facultativo y que consiente en acogerse a la actuación médica propuesta.

17. ¿Qué parte del Documento de Consentimiento Informado escrito contiene la información sobre procesos alternativos para llevar a cabo el diagnóstico o el tratamiento?

a) El Preámbulo.
b) La Aceptación.
c) El reverso.
d) El Cuerpo.

18. Según determina la Ley 41/2002, el paciente tiene derecho a recibir un informe de alta:

a) Sólo si ha existido ingreso hospitalario.
b) A la finalización del proceso asistencial.
c) En cuyo contenido mínimo habrán de figurar, entre otros, datos de información sanitaria epidemiológica.
d) Previa solicitud.

19. Existen supuestos legales en los que los facultativos pueden llevar a cabo las intervenciones clínicas indispensables en favor de la salud del paciente sin necesidad de contar con su consentimiento ni el de sus representantes o familiares. Uno de ellos es:

a) Cuando el paciente esté incapacitado legalmente.
b) Cuando existe riesgo para la salud pública según determinen las autoridades sanitarias.
c) En caso de riesgo inmediato grave para la integridad física de otro paciente.
d) Cuando el paciente no sea capaz de tomar decisiones.

20. La toma en consideración de los deseos expresados anteriormente con respecto a una actuación médica en su persona por un paciente que en el momento de la intervención no se encuentra en situación de expresar su voluntad se conoce como:

a) Consentimiento.
b) Testamento vital.
c) Eutanasia activa.
d) Eutanasia pasiva.

En MADTEST tienes **más preguntas de este tema**, y todos tus avances quedan registrados y se reflejan en el ranking.

¡Supera tus límites con MADTEST!

Solución al test n.º 5

1. c) Para toda actuación en el ámbito de su salud.

2. a) Puede disponer el alta forzosa.

3. c) Podrá restringirse cuando sea estrictamente necesario en beneficio del paciente.

4. c) A la autonomía del paciente.

5. c) La decisión de consentir debe anteceder a una información adecuada.

6. a) Verbal.

7. b) Información adecuada.

8. b) Está limitada por el interés de la salud del propio paciente.

9. c) Respetar la libre determinación del paciente.

10. d) La negativa al tratamiento.

11. c) Es obligatorio en determinados supuestos.

12. c) Intervención quirúrgica.

13. c) Información adecuada, comprensible y razonable.

14. c) No tiene valor en sí misma, lo que no significa que no se pueda acreditar que ha existido información y ha consentido libremente.

15. d) Es cierta la c), siempre que contenga tres partes: Preámbulo, Cuerpo y Aceptación.

16. a) Recoge la manifestación de conformidad del usuario de acogerse a la intervención o el procedimiento, debiendo suscribirla inexcusablemente con su firma.

17. d) El Cuerpo.

18. b) A la finalización del proceso asistencial.

19. b) Cuando existe riesgo para la salud pública según determinen las autoridades sanitarias.

20. b) Testamento vital.

Real Decreto 1030/2006, de 15 de septiembre, por el que se establece la cartera de servicios comunes del Sistema Nacional de Salud y el procedimiento para su actualización

1. En virtud del artículo 2 del RD 1030/2006, la cartera de servicios comunes del Sistema Nacional de Salud es el conjunto de técnicas, tecnologías o .... mediante los que se hacen efectivas las prestaciones sanitarias. ¿Qué palabra completa correctamente la frase anterior?

a) Métodos.
b) Recursos.
c) Procedimientos.
d) Normas.

2. Según el artículo 1 del RD 1030/2006, un objetivo de este real decreto es fijar las .... del procedimiento para la actualización de la cartera de servicios comunes del SNS. ¿Qué palabra falta en la anterior frase?

a) Recomendaciones.
b) Fases.
c) Bases.
d) Actividades.

3. ¿Cuál es el objetivo principal de la cartera de servicios comunes?

a) Establecer tarifas mínimas.
b) Garantizar la equidad y accesibilidad a la atención sanitaria.
c) Reducir el gasto público.
d) Regular los medicamentos de uso hospitalario.

4. Los titulares del derecho a la atención sanitaria incluyen:

a) Solo ciudadanos españoles.
b) Solo residentes permanentes.

c) Únicamente mutualistas y pensionistas.
d) Españoles y extranjeros con residencia en España.

5. ¿Quién determina el procedimiento de acceso a los servicios?

a) La Comisión de Prestaciones.
b) Las administraciones sanitarias competentes.
c) El Instituto Nacional de la Salud.
d) El Ministerio de Hacienda.

6. La cartera de servicios comunes es financiada principalmente por:

a) Las comunidades autónomas.
b) El Fondo de cohesión.
c) Las mutualidades.
d) La UE.

7. ¿Qué tipo de atención no se considera parte de la cartera común?

a) Atención especializada.
b) Tratamientos estéticos.
c) Atención primaria.
d) Atención de urgencia.

8. Las técnicas incluidas en la cartera deben demostrar:

a) Popularidad entre los usuarios.
b) Alta demanda comercial.
c) Bajo coste.
d) Eficacia, eficiencia, seguridad y utilidad.

9. ¿Qué órgano elabora el procedimiento para actualizar la cartera?

a) El Instituto de Salud Carlos III.
b) El Ministerio de Sanidad.
c) La OMS.
d) El Consejo de Ministros.

10. El Real Decreto 1030/2006 recoge su contenido en:

a) Tres anexos.
b) Seis capítulos.
c) Ocho anexos.
d) Un preámbulo y cinco artículos.

11. El acceso a los servicios está garantizado:

a) En cualquier lugar del territorio nacional.
b) Solo en la comunidad autónoma de residencia.
c) En centros concertados únicamente.
d) Mediante seguro privado.

12. ¿Qué productos deben contar con marcado CE?

a) Medicamentos.
b) Productos dietéticos.
c) Productos sanitarios.
d) Documentos clínicos.

13. ¿Cuál de los siguientes no se incluye como obligatorio para evaluación?

a) Impacto económico.
b) Utilidad terapéutica.
c) Seguridad del paciente.
d) Opinión del usuario.

14. ¿Quién puede proponer la actualización de la cartera?

a) Solo el Ministerio de Economía.
b) Las CCAA o el Ministerio de Sanidad.
c) El Consejo de Ministros.
d) Solo la Agencia Española del Medicamento.

15. La Comisión de Prestaciones está presidida por:

a) El Ministro de Sanidad.
b) El Director General de Cartera Común de Servicios del SNS.
c) El Presidente del Gobierno.
d) El Secretario de Estado de Salud.

16. Las mutualidades que participan en la Comisión son:

a) MUFACE, MUGEJU e ISFAS.
b) MUFACE, MUGEJU y MUNPAL.
c) ISFAS, INEM y MUFACE.
d) INSS, MUGEJU y MUNPAL.

17. ¿Cuándo se excluye una técnica de la cartera?

a) Por falta de demanda.
b) Cuando el balance beneficio/riesgo es desfavorable.

c) Cuando lo propone una farmacéutica.
d) Si no hay financiación privada.

18. ¿Qué servicio no está incluido en los Anexos del RD 1030/2006?

a) Atención primaria.
b) Salud pública.
c) Reproducción asistida.
d) Transporte sanitario.

19. Los servicios deben prestarse por:

a) Profesionales titulados conforme a la Ley 44/2003.
b) Voluntarios acreditados.
c) Médicos extranjeros sin homologación.
d) Técnicos sin titulación específica.

20. ¿Qué se establece en el artículo 10 del RD?

a) Servicios de información a los usuarios.
b) Cartera farmacéutica.
c) Criterios de exclusión.
d) Financiación de la atención especializada.

En MADTEST tienes **más preguntas de este tema**, y todos tus avances quedan registrados y se reflejan en el ranking.

¡Supera tus límites con MADTEST!

Solución al test n.º 6

1. c) Procedimientos.

2. c) Bases.

3. b) Garantizar la equidad y accesibilidad a la atención sanitaria.

4. d) Españoles y extranjeros con residencia en España.

5. b) Las administraciones sanitarias competentes.

6. a) Las comunidades autónomas.

7. b) Tratamientos estéticos.

8. d) Eficacia, eficiencia, seguridad y utilidad.

9. b) El Ministerio de Sanidad.

10. c) Ocho anexos.

11. a) En cualquier lugar del territorio nacional.

12. c) Productos sanitarios.

13. d) Opinión del usuario.

14. b) Las CCAA o el Ministerio de Sanidad.

15. b) El Director General de Cartera Común de Servicios del SNS.

16. a) MUFACE, MUGEJU e ISFAS.

17. b) Cuando el balance beneficio/riesgo es desfavorable.

18. c) Reproducción asistida.

19. a) Profesionales titulados conforme a la Ley 44/2003.

20. a) Servicios de información a los usuarios.

TEST N.º 7

**Ley 55/2003, de 16 de diciembre, del Estatuto Marco
del Personal Estatutario de los Servicios de Salud**

1. Según establece el art. 8 de la Ley 55/2003, de 16 de diciembre, del Estatuto Marco de los Servicios de Salud, es personal estatutario fijo:

a) El que una vez superado el correspondiente proceso selectivo, obtiene un nombramiento para el desempeño, con carácter permanente, de las funciones que de tal nombramiento se deriven.

b) Todo el personal al servicio de los Servicios de Salud.

c) El personal que realice una prestación de servicios determinados de naturaleza temporal, coyuntural o extraordinaria.

d) El personal en posesión de un contrato laboral indefinido.

2. Conforme al artículo 9.1 del Estatuto Marco (en redacción dada por el Real Decreto-ley 12/2022, de 5 de julio, por el que se modifica la Ley 55/2003, de 16 de diciembre, del Estatuto Marco del personal estatutario de los servicios de salud) los nombramientos del Personal Estatutario Temporal de los Servicios de Salud serán:

a) Únicamente de Personal Estatutario Sanitario.

b) Personal Estatutario Contratado.

c) De interinidad.

d) Como Personal Laboral.

3. En el supuesto de existencia de plaza vacante, son estatutarios interinos los que, por razones expresamente justificadas de necesidad y urgencia, son nombrados como tales con carácter temporal para el desempeño de funciones propias de estatutarios, cuando no sea posible su cobertura por personal estatutario fijo, durante un plazo máximo de:

a) Dos años.

b) Tres años.

c) Cuatros años.

d) Seis años.

4. Podrá concurrir a las pruebas selectivas, por el sistema de promoción interna, el personal estatutario fijo que se encuentre en servicio activo y con nombramiento como personal estatutario fijo, en la categoría de procedencia, durante al menos:

a) 2 años.
b) 3 años.
c) 4 años.
d) 5 años.

5. Quienes no acrediten, una vez superado el proceso selectivo, que reúnen los requisitos y condiciones exigidos en la convocatoria:

a) No podrán ser nombrados hasta que subsanen el defecto.
b) No podrán ser nombrados, y quedarán sin efecto sus actuaciones.
c) Podrán ser nombrados de forma condicional.
d) Una vez superado el proceso selectivo, se entiende que reúne los requisitos exigidos, salvo prueba en contrario.

6. Según el Estatuto Marco, la selección de personal estatutario fijo se efectuará con carácter general a través del sistema de:

a) Oposición.
b) Concurso-oposición.
c) Concurso.
d) Pruebas selectivas.

7. El personal estatutario de los servicios de salud tiene el deber de:

a) Participar en la elaboración de los convenios colectivos.
b) Realizar sus funciones fuera del horario y jornada habitual.
c) Realizar actividades sindicales.
d) Respetar la Constitución, el Estatuto de Autonomía correspondiente y el resto del ordenamiento jurídico.

8. Según el Estatuto Marco, siempre que la duración de la jornada exceda de seis horas continuadas, deberá establecerse un periodo de descanso durante la misma de al menos:

a) 10 minutos.
b) 15 minutos.
c) 20 minutos.
d) 30 minutos.

9. El funcionario sancionado con la separación del servicio no podrá concurrir a las pruebas de selección para la obtención de la condición de personal estatutario fijo, ni prestar servicios como personal estatutario temporal, durante:

a) Los 6 años siguientes.
b) Los 5 años siguientes.
c) Los 10 años siguientes.
d) La separación del servicio es definitiva.

10. Las sanciones disciplinarias firmes que se impongan al personal estatutario se anotarán en su expediente personal. Las anotaciones por sanciones impuestas por faltas leves se cancelarán de oficio, desde el cumplimiento de la sanción, a:

a) Los 3 meses.
b) Los 6 meses.
c) El año.
d) Los 2 años.

11. Es una retribución básica del personal estatutario:

a) El complemento de destino.
b) El complemento de carrera.
c) Las pagas extraordinarias.
d) El complemento de productividad.

12. La especial dificultad técnica, dedicación, responsabilidad, incompatibilidad, peligrosidad o penosidad de algunos puestos de trabajo del Personal Estatutario, se retribuye a través del:

a) Complemento de destino.
b) Complemento de atención continuada.
c) Complemento específico.
d) Complemento de productividad.

13. Según el art. 72.2 del Estatuto Marco, tendrá la consideración de falta muy grave:

a) Intervenir en un procedimiento administrativo cuando se dé alguna de las causas de abstención legalmente señaladas.
b) Toda actuación que suponga discriminación por razones ideológicas, morales, políticas, sindicales, de raza, lengua, género, religión o circunstancias económicas, personales o sociales, tanto del personal como de los usuarios.
c) El incumplimiento injustificado de la jornada de trabajo que acumulado suponga más de 20 horas al mes.
d) La incorrección con los superiores, compañeros, subordinados o usuarios.

14. Para poder obtener la excedencia voluntaria por interés particular es necesario haber prestado servicios efectivos en cualquiera de las Administraciones Públicas durante:

a) Los cinco años inmediatamente anteriores.
b) Los cuatro años inmediatamente anteriores.
c) El año inmediatamente anterior.
d) No se exige periodo mínimo de prestación efectiva de servicios.

15. En el régimen disciplinario del Estatuto Marco se reconoce a los interesados el derecho a:

a) Proponer el nombramiento del instructor.
b) Solicitar la excedencia voluntaria durante la tramitación del expediente.
c) Formular Pliegos de cargos.
d) Formular alegaciones en cualquier fase del procedimiento.

16. Las Comunidades Autónomas, en el ámbito de sus competencias, determinarán la limitación máxima de la jornada a tiempo parcial respecto a la jornada completa, con el límite máximo del:

a) El 80 % de la jornada ordinaria, en cómputo anual, o del que proporcionalmente corresponda si se trata de nombramiento temporal de menor duración.
b) El 75 % de la jornada ordinaria, en cómputo anual, o del que proporcionalmente corresponda si se trata de nombramiento temporal de menor duración.
c) El 70 % de la jornada ordinaria, en cómputo anual, o del que proporcionalmente corresponda si se trata de nombramiento temporal de menor duración.
d) El 50 % de la jornada ordinaria, en cómputo anual, o del que proporcionalmente corresponda si se trata de nombramiento temporal de menor duración.

17. El Estatuto Marco del personal estatutario considera a este personal como titular de una relación:

a) Funcionarial común.
b) Laboral común.
c) Estatutaria de la Seguridad Social.
d) Funcionarial especial.

18. Cuando de un procedimiento de movilidad se derive cambio del servicio de salud de destino, el Estatuto Marco establece un plazo posesorio de:

a) Un mes.
b) Treinta días.
c) Quince días.
d) Diez días.

19. Según el Estatuto Marco del personal estatutario, la situación de excedencia voluntaria por interés particular obliga a un periodo mínimo de permanencia en ella de:

a) Un año.
b) Dos años.
c) Doce meses.
d) No establece periodo mínimo.

20. De acuerdo con el régimen disciplinario del personal estatutario, se considera muy grave:

a) El abandono del servicio.
b) El abuso de autoridad en el ejercicio de sus funciones.
c) Falta de obediencia debida a los superiores.
d) La incorrección con los superiores, compañeros, subordinados o usuarios.

En MADTEST tienes **más preguntas de este tema**, y todos tus avances quedan registrados y se reflejan en el ranking.

¡Supera tus límites con MADTEST!

Solución al test n.º 7

1. a) El que, una vez superado el correspondiente proceso selectivo, obtiene un nombramiento para el desempeño, con carácter permanente, de las funcionales que de tal nombramiento se deriven.

2. c) De interinidad.

3. b) Tres años

4. a) 2 años.

5. b) No podrán ser nombrados, y quedarán sin efecto sus actuaciones.

6. b) Concurso-oposición.

7. d) Respetar la Constitución, el Estatuto de Autonomía correspondiente y el resto del ordenamiento jurídico.

8. b) 15 minutos.

9. a) Los 6 años siguientes.

10. b) Los 6 meses.

11. c) Las pagas extraordinarias.

12. c) Complemento específico.

13. b) Toda actuación que suponga discriminación por razones ideológicas, morales, políticas, sindicales, de raza, lengua, género, religión o circunstancias económicas, personales o sociales, tanto del personal como de los usuarios.

14. a) Los cinco años inmediatamente anteriores.

15. d) Formular alegaciones en cualquier fase del procedimiento.

16. b) El 75 % de la jornada ordinaria, en cómputo anual, o del que proporcionalmente corresponda si se trata de nombramiento temporal de menor duración.

17. d) Funcionarial especial.

18. a) Un mes.

19. b) Dos años.

20. a) El abandono del servicio.

TEST N.º 8

El Decreto 2/2011, de 14 de enero, de selección de personal estatutario y provisión de plazas y puestos de trabajo del Servicio Riojano de Salud

1. La provisión de plazas, selección y promoción interna y la movilidad del personal estatutario de los servicios de salud a nivel estatal viene regulado por:

a) La Ley 55/2003, de 16 de diciembre.
b) El Real Decreto Ley 1/1999, de 8 de enero.
c) El Real Decreto 1473/2001, de 27 de diciembre.
d) La Constitución Española de 1978.

2. El Decreto 2/2011, de 14 de enero, de selección de personal estatutario y provisión de plazas y puestos de trabajo del Servicio Riojano de Salud se dicta:

a) En virtud de la disposición transitoria sexta del Real Decreto Ley 1/1999, de 8 de enero.
b) Conforme a lo dispuesto en el Decreto 8/2007, de 2 de marzo.
c) A raíz de la Sentencia del Tribunal Superior de Justicia de La Rioja.
d) En virtud del acuerdo de la Mesa Sectorial del Servicio Riojano de Salud.

3. El Decreto 2/2011, de 14 de enero, se compone de:

a) 95 artículos.
b) Seis títulos y ocho capítulos.
c) 93 artículos y cuatro capítulos.
d) 93 artículos, seis títulos y doce capítulos.

4. El proceso de provisión de plazas en el Servicio Riojano de Salud viene regulado en el Decreto 2/2011, de 14 de enero, en su Título:

a) Tercero.
b) Cuarto.
c) Segundo.
d) Primero.

5. La expresión cifrada y sistemática del número de plazas que, como máximo, pueden ser provistas con carácter permanente en el Servicio Riojano de Salud, organizadas por tipo de funciones, relación de empleo, grupo de clasificación profesional y centro, se llama:

a) Personal.

b) Plantilla.

c) Equipo.

d) Relación de Puestos de Trabajo.

6. En el Servicio Riojano de Salud, y atendiendo a la función, las plazas se clasifican en:

a) Personal funcionario, estatutario o laboral.

b) Personal sanitario o estatutario.

c) Personal sanitario funcionario o sanitario estatutario.

d) Personal sanitario o de gestión y servicios.

7. Según el artículo 2 del Decreto 2/2011, de 14 de enero, se declararán a extinguir las plazas reservadas para el personal:

a) De gestión y servicios.

b) Laboral.

c) Funcionario.

d) Funcionario y laboral.

8. El instrumento organizativo que ordena la plantilla del Servicio Riojano de Salud en puestos de trabajo, para el ejercicio de las funciones correspondientes a cada categoría y la consecuente prestación de la asistencia sanitaria a la población es:

a) El sistema de provisión de plazas.

b) La relación de puestos de trabajo.

c) La relación de empleo.

d) El sistema de provisión de puestos de trabajo.

9. La Relación de Puestos de Trabajo del Servicio Riojano de Salud debe ser aprobada en cada caso mediante:

a) Acuerdo de la Mesa Sectorial.

b) Resolución de la Consejería de Salud.

c) Decreto.

d) Acuerdo de cada Centro en atención a los procesos de movilidad interna.

10. La oferta de empleo público de personal estatutario del Servicio Riojano de Salud reservará un cupo de las plazas ofertadas para ser cubiertas por personas con discapacidad:

a) Igual o superior al 33 %.
b) Igual o superior al 10 %.
c) No inferior al 7 %.
d) De al menos el 50 %.

11. La Oferta de Empleo Público del Servicio Riojano de Salud, reservará al turno de promoción interna:

a) Ninguna plaza.
b) Un máximo del 50 % de las plazas ofertadas.
c) Al menos el 50 % de las plazas ofertadas.
d) Un mínimo del 7 % de las plazas ofertadas.

12. No es un procedimiento contemplado para la provisión permanente de plazas del Servicio Riojano de Salud:

a) La selección de personal de nuevo ingreso.
b) La movilidad voluntaria con el resto de personal estatutario fijo de las restantes consejerías de la Comunidad Autónoma.
c) La promoción interna de personal estatutario fijo.
d) Todos los anteriores lo son.

13. La selección de personal estatutario fijo de nuevo ingreso del Servicio Riojano de Salud se realizará, con carácter general, a través del sistema de:

a) Oposición.
b) Concurso.
c) Movilidad.
d) Concurso oposición.

14. En el sistema de concurso-oposición para la selección de personal estatutario fijo de nuevo ingreso del Servicio Riojano de Salud, la valoración de la fase de oposición, en relación con la puntuación total, será de al menos:

a) Un 40 %.
b) Un 50 %.
c) Un 33 %.
d) Un 60 %.

15. El proceso selectivo del personal estatutario fijo del Servicio Riojano de Salud se inicia con la publicación de la resolución de la convocatoria que haya sido aprobada por:

a) Decreto del Gobierno de La Rioja.
b) Acuerdo de la Mesa Sectorial del Servicio Riojano de Salud.
c) Orden de la Consejería de Salud de La Rioja.
d) Resolución de la Presidencia del Servicio Riojano de Salud.

16. Es requisito ineludible para poder participar en los procesos de selección de personal estatutario fijo del Servicio Riojano de Salud:

a) Ser mayor de 18 años.
b) Ser español.
c) Estar en condiciones de obtener la titulación exigida en la convocatoria dentro del plazo de presentación de solicitudes.
d) Que hayan transcurrido más de seis años desde que haya sido inhabilitado con carácter firme para el ejercicio de funciones públicas.

17. El período de prácticas de las pruebas selectivas de personal estatutario fijo del Servicio Riojano de Salud:

a) Se establecerá siempre que se requiera un título académico o profesional específico.
b) No tendrá nunca carácter eliminatorio.
c) Permitirá a los aspirantes en prácticas formar parte de la plantilla del Organismo en la categoría objeto del proceso selectivo.
d) Compensará a los aspirantes en prácticas con una retribución equivalente al sueldo y pagas extraordinarias correspondientes a la categoría objeto del proceso selectivo.

18. La adjudicación de plaza al personal estatutario fijo del Servicio Riojano de Salud de nuevo ingreso:

a) Será siempre con carácter definitivo.
b) Será siempre con carácter provisional.
c) Será con carácter definitivo, salvo que afecte a las legítimas expectativas de movilidad del personal fijo.
d) Será con carácter provisional, quedando el adjudicatario obligado a participar en el siguiente concurso de traslados para obtener un nombramiento definitivo.

19. El plazo de toma de posesión del adjudicatario de la plaza de personal estatutario fijo del Servicio Riojano de Salud será:

a) De un mes desde la publicación de la resolución de nombramiento.
b) De un mes desde la fecha de la resolución del nombramiento.

c) De un mes a partir del día siguiente al de la publicación de la resolución de nombramiento.

d) De un mes a partir del día siguiente al de la fecha de la resolución de nombramiento.

20. Será requisito para la participación en procesos selectivos por el sistema de promoción interna del Servicio Riojano de Salud:

a) Haber prestado servicios como personal estatutario fijo durante al menos dos años en la categoría a la que se opta.

b) Encontrarse en servicio activo en cualquier administración pública.

c) Haber prestado servicios durante cinco años en la categoría de origen y ostentar la titulación exigida en el grupo al de la categoría a la que aspira a ingresar.

d) Ostentar la titulación exigida, salvo las especialidades de los casos de acceso a las categorías de personal de formación profesional.

En MADTEST tienes **más preguntas de este tema**, y todos tus avances quedan registrados y se reflejan en el ranking.

¡Supera tus límites con MADTEST!

Solución al test n.º 8

1. a) La Ley 55/2003, de 16 de diciembre.

2. d) En virtud del acuerdo de la Mesa Sectorial del Servicio Riojano de Salud.

3. c) 93 artículos y cuatro capítulos.

4. c) Segundo.

5. b) Plantilla.

6. d) Personal sanitario o de gestión y servicios.

7. d) Funcionario y laboral.

8. b) La relación de puestos de trabajo.

9. c) Decreto.

10. c) No inferior al 7 %.

11. c) Al menos el 50 % de las plazas ofertadas.

12. b) La movilidad voluntaria con el resto de personal estatutario fijo de las restantes consejerías de la Comunidad Autónoma.

13. d) Concurso oposición.

14. d) Un 60 %.

15. d) Resolución de la Presidencia del Servicio Riojano de Salud.

16. c) Estar en condiciones de obtener la titulación exigida en la convocatoria dentro del plazo de presentación de solicitudes.

17. d) Compensará a los aspirantes en prácticas con una retribución equivalente al sueldo y pagas extraordinarias correspondientes a la categoría objeto del proceso selectivo.

18. c) Será con carácter definitivo, salvo que afecte a las legítimas expectativas de movilidad del personal fijo.

19. c) De un mes a partir del día siguiente al de la publicación de la resolución de nombramiento.

20. d) Ostentar la titulación exigida, salvo las especialidades de los casos de acceso a las categorías de personal de formación profesional.

**Real Decreto Legislativo 5/2015, de 30 de octubre,
por el que se aprueba el Texto Refundido de la
Ley del Estatuto Básico del Empleado Público**

1. Según el artículo 1.3. del Texto Refundido de la Ley del Estatuto Básico del Empleado Público, uno de los fundamentos de actuación reflejados por el EBEP es el servicio a los ciudadanos y:

a) A los intereses generales.
b) Al ordenamiento jurídico.
c) Al bienestar general.
d) A la Administración Pública.

2. Se regirá por la legislación específica dictada por el Estado y por las comunidades autónomas en el ámbito de sus respectivas competencias y por lo previsto en el EBEP, excepto el capítulo II del título III (salvo el artículo 20), y los artículos 22.3, 24 y 84:

a) El personal funcionario de las Universidades Públicas.
b) El personal funcionario y en lo que proceda el personal laboral al servicio de las Administraciones de las entidades locales.
c) El personal estatutario de los servicios de salud.
d) El personal funcionario y laboral al servicio de las Administraciones de las comunidades autónomas.

3. El Estatuto Básico del Empleado Público tendrá carácter supletorio:

a) Para el personal laboral al servicio de las Administraciones de las comunidades autónomas.
b) Para el personal docente.
c) Para el personal estatutario de los servicios de salud.
d) Para todo el personal de las Administraciones Públicas no incluido en su ámbito de aplicación.

4. El EBEP contiene:

a) Aquello que es común al conjunto de los empleados públicos de todas las Administraciones Públicas.

b) Las normas legales específicas aplicables a los empleados públicos de todas las Administraciones Públicas.

c) Aquello que es común al conjunto de los funcionarios de todas las Administraciones Públicas, más las normas legales específicas aplicables al personal laboral a su servicio.

d) Aquello que es común al conjunto del personal laboral de todas las Administraciones Públicas, más las normas legales específicas aplicables al personal funcionario a su servicio.

5. Señalar la respuesta incorrecta. La designación de personal directivo:

a) Atenderá a principios de mérito y capacidad.

b) Se llevará a cabo mediante procedimientos que garanticen la publicidad y concurrencia.

c) Supone la adquisición de la condición de personal eventual.

d) Atenderá a criterios de idoneidad.

6. En relación con el personal eventual, es cierto que:

a) Será retribuido con cargo a los créditos presupuestarios consignados para el personal funcionario.

b) La condición de personal eventual constituirá mérito en la fase de concurso para el acceso a la Función Pública.

c) Su cese tendrá lugar, en todo caso, cuando se produzca el de la autoridad a la que se preste la función de confianza o asesoramiento.

d) La condición de personal eventual computará como mérito para la promoción interna.

7. Corresponden en exclusiva a los funcionarios públicos, en los términos que en la ley de desarrollo de cada Administración Pública se establezca, el ejercicio de funciones:

a) Directivas.

b) Que impliquen la participación directa o indirecta en el ejercicio de las potestades públicas.

c) Del ámbito militar, de la Justicia o de la Hacienda Pública.

d) Que impliquen la participación directa (no la indirecta), en la salvaguardia de los intereses generales del Estado.

8. Las leyes de Función Pública que se dicten en desarrollo del EBEP podrán prever el nombramiento de personal interino para la ejecución de programas de carácter temporal con una duración de hasta:

a) 2 años.

b) 3 años.

c) 4 años.
d) 5 años.

9. Completar la siguiente frase. Según el artículo 8 del Texto Refundido de la Ley del Estatuto Básico del Empleado Público, aprobado por el Real Decreto Legislativo 5/2015, de 30 de octubre, son empleados públicos quienes desempeñan funciones ………….. en las Administraciones Públicas al servicio de los intereses generales:

a) Directivas.
b) Exclusivas.
c) Administrativas.
d) Retribuidas.

10. Según el artículo 9.1 del EBEP, es una característica del funcionario de carrera el desempeño de servicios profesionales retribuidos de carácter:

a) Permanente.
b) Público.
c) Administrativo.
d) Autoritario.

11. El número de puestos cubiertos por personal eventual:

a) Es indefinido e ilimitado.
b) Está limitado por un máximo establecido por los respectivos órganos de gobierno.
c) Está limitado a tres por cada órgano superior de la Administración Pública.
d) No puede hacerse público, puesto que se trata de personal de confianza.

12. En relación al personal eventual, el EBEP dispone que:

a) El número máximo de este tipo de personal se establecerá por ley de las Cortes Generales o de las Asambleas legislativas de las Comunidades Autónomas.
b) El cese de este personal no va ligado, en ningún caso, al de la autoridad a la que se preste la función de confianza o asesoramiento.
c) La condición de personal eventual constituye mérito para el acceso a la Función Pública y para la promoción interna.
d) Este personal solo realiza funciones expresamente calificadas como de confianza o asesoramiento especial.

13. Los funcionarios interinos serán nombrados por razones expresamente justificadas de necesidad y:

a) Economía.
b) Eficacia.
c) Urgencia.
d) Calidad.

14. A tenor del artículo 14 del EBEP los empleados públicos tienen derecho:

a) A la inamovilidad en la condición de funcionario de carrera.

b) A la formación continua y a la actualización permanente de sus conocimientos y capacidades profesionales, preferentemente fuera del horario laboral.

c) A la libertad de expresión, sin restricción alguna.

d) A participar en la consecución de los objetivos atribuidos a la unidad donde preste sus servicios y a ser consultado por sus superiores por las tareas a desarrollar.

15. Conforme al EBEP, los funcionarios públicos tendrán un permiso por enfermedad grave de un familiar dentro del primer grado de consanguinidad o afinidad, de:

a) Dos días hábiles.

b) Tres días hábiles.

c) Cuatro días hábiles.

d) Cinco días hábiles.

16. Los funcionarios públicos tendrán un permiso por matrimonio de:

a) 10 días.

b) 15 días.

c) 20 días.

d) 30 días.

17. Tal y como señala el artículo 50 del EBEP, los funcionarios públicos tendrán derecho a disfrutar, durante cada año natural, de unas vacaciones retribuidas de:

a) 1 mes.

b) 30 días naturales.

c) 22 días hábiles.

d) 30 días hábiles.

18. Los Empleados Públicos:

a) Podrán voluntariamente acatar la Constitución y el resto de normas que integran el ordenamiento jurídico.

b) Podrán abstenerse en aquellos asuntos en los que tengan un interés personal.

c) Su actuación perseguirá la satisfacción de los intereses del Gobierno.

d) Guardarán secreto de las materias clasificadas.

19. El conjunto ordenado de oportunidades de ascenso y expectativas de progreso profesional conforme a los principios de igualdad, mérito y capacidad, se denomina:

a) Evaluación del desempeño.

b) Promoción profesional.

c) Promoción interna.
d) Carrera profesional.

20. Para tener derecho a la promoción interna, los funcionarios deberán tener una antigüedad de servicio activo en el inferior subgrupo o grupo de clasificación profesional, de al menos:

a) Dos años.
b) Tres años.
c) Cuatro años.
d) Cinco años.

En MADTEST tienes **más preguntas de este tema**, y todos tus avances quedan registrados y se reflejan en el ranking.

¡Supera tus límites con MADTEST!

Solución al test n.º 9

1. a) A los intereses generales.

2. c) El personal estatutario de los servicios de salud.

3. d) Para todo el personal de las Administraciones Públicas no incluido en su ámbito de aplicación.

4. c) Aquello que es común al conjunto de los funcionarios de todas las Administraciones Públicas, más las normas legales específicas aplicables al personal laboral a su servicio.

5. c) Supone la adquisición de la condición de personal eventual.

6. c) Su cese tendrá lugar, en todo caso, cuando se produzca el de la autoridad a la que se preste la función de confianza o asesoramiento.

7. b) Que impliquen la participación directa o indirecta en el ejercicio de las potestades públicas.

8. c) 4 años.

9. d) Retribuidas.

10. a) Permanente.

11. b) Está limitado por un máximo establecido por los respectivos órganos de gobierno.

12. d) Este personal solo realiza funciones expresamente calificadas como de confianza o asesoramiento especial.

13. c) Urgencia.

14. a) A la inamovilidad en la condición de funcionario de carrera.

15. d) Cinco días hábiles.

16. b) 15 días.

17. c) 22 días hábiles.

18. d) Guardarán secreto de las materias clasificadas.

19. d) Carrera profesional.

20. a) Dos años.

TEST N.º 10

Ley 31/1995, de 8 de noviembre, de Prevención de Riesgos Laborales

1. Qué se entiende por "riesgo laboral":

a) La posibilidad de que un trabajador sufra un determinado daño derivado del trabajo.
b) La posibilidad de que un trabajador sufra una enfermedad en el trabajo.
c) La posibilidad de que un trabajador sufra acoso.
d) El riesgo que supone el ir a trabajar.

2. Indica cuál es la definición de prevención:

a) La probabilidad racional de que un riesgo se materialice de forma inminente.
b) El estudio de los procesos potencialmente peligrosos para el trabajo.
c) Conjunto de actividades o medidas adoptadas o previstas en todas las fases de actividad de la empresa con el fin de evitar o disminuir los riesgos derivados del trabajo.
d) Posibilidad de que un trabajador sufra un determinado daño derivado del trabajo.

3. Según establece el art. 4 de la Ley 31/1995, de 8 de noviembre, de Prevención de Riesgos Laborales, se define como daños derivados del trabajo:

a) La posibilidad de que un trabajador sufra un determinado daño derivado del trabajo.
b) El que resulte probable racionalmente que se materialice en un futuro inmediato y pueda suponer y pueda suponer un daño grave para la salud de los trabajadores.
c) Las enfermedades, patologías o lesiones sufridas con motivo u ocasión del trabajo.
d) Cualquier máquina, aparato, instrumento o instalación utilizada en el trabajo.

4. El objeto y carácter de la norma de la Ley 31/95 de Prevención de Riesgos Laborales dice:

a) La presente Ley tiene por objeto promover la salud de los trabajadores mediante la aplicación de medidas y el desarrollo de las actividades necesarias para la prevención de riesgos derivados del trabajo.
b) La presente Ley tiene por objeto promover la seguridad y la salud de los trabajadores mediante la aplicación de medidas y el desarrollo de las actividades necesarias para la prevención de riesgos derivados del trabajo.

c) La presente Ley tiene por objeto promover la seguridad de los trabajadores mediante la aplicación de medidas y el desarrollo de las actividades necesarias para la prevención de riesgos derivados del trabajo.

d) La presente Ley tiene por objeto promover la seguridad, la salud de los trabajadores y la negociación entre empresa y delegados de prevención, mediante la aplicación de medidas y el desarrollo de las actividades necesarias para la prevención de riesgos derivados del trabajo.

5. Cualquier característica del trabajo que pueda tener una influencia significativa en la generación de riesgos para la seguridad y la salud del trabajador, es:

a) Una condición de trabajo.
b) Un factor de riesgo.
c) Un proceso potencialmente peligroso.
d) Una zona peligrosa.

6. Toda lesión corporal que el trabajador sufra con ocasión del trabajo que ejerza por cuenta ajena:

a) Es un riesgo laboral.
b) Es un accidente.
c) Es una enfermedad profesional.
d) Es una simple circunstancia.

7. Señale la respuesta incorrecta:

a) La Ley de Prevención de Riesgos Laborales se aplica a los operativos de Seguridad civil en casos de catástrofe.
b) La Ley de Prevención de Riesgos Laborales se aplica a las sociedades cooperativas.
c) En el ámbito de la relación laboral de carácter especial del servicio del hogar familiar, las personas trabajadoras tienen derecho a una protección eficaz en materia de seguridad y salud en el trabajo.
d) En los establecimientos penitenciarios, se adaptarán a la Ley de Prevención de Riesgos Laborales aquellas actividades cuyas características justifiquen una regulación especial.

8. Para calificar un riesgo desde el punto de vista de su gravedad, se valorarán conjuntamente la severidad del daño y:

a) La probabilidad de que se produzca.
b) La cantidad de trabajadores de la empresa.
c) La existencia o no de equipos individuales de protección.
d) Las condiciones de trabajo.

9. Según el artículo 5 de la Ley 31/1995, la política en materia de prevención tendrá por objeto la .... de la mejora de las condiciones de trabajo dirigida a elevar el nivel de protección de la seguridad y la salud de los trabajadores en el trabajo. Señalar la palabra que falta:

a) Revisión.
b) Normalización.
c) Regulación.
d) Promoción.

10. Con el objetivo de detectar y prevenir posibles situaciones en las que los daños derivados del trabajo puedan aparecer vinculados con el sexo de los trabajadores, las Administraciones Públicas promoverán la efectividad del principio de:

a) Corresponsabilidad.
b) Igualdad entre mujeres y hombres.
c) Discriminación positiva.
d) Protección de la maternidad.

11. Conforme al artículo 8.3 de la Ley 31/1995, el Instituto Nacional de Seguridad y Salud en el Trabajo actuará en relación con las instituciones de la Unión Europea:

a) Como centro de referencia nacional.
b) Como órgano controlador de la normativa europea.
c) Como centro interpretativo.
d) Como órgano regulativo.

12. Según el artículo 11 de la Ley 31/1995, la elaboración de normas preventivas y el control de su cumplimiento, la promoción de la prevención, la investigación y la vigilancia epidemiológica sobre riesgos laborales, accidentes de trabajo y enfermedades profesionales determinan la necesidad de .... las actuaciones de las Administraciones competentes en materia laboral, sanitaria y de industria para una más eficaz protección de la seguridad y la salud de los trabajadores. Señalar la palabra que falta:

a) Registrar.
b) Inspeccionar.
c) Coordinar.
d) Divulgar.

13. En virtud del artículo 12 de la Ley 31/1995, es principio básico de la política de prevención de riesgos laborales, a desarrollar por las Administraciones públicas competentes en los distintos niveles territoriales:

a) La coordinación de empresarios y trabajadores, a través de las organizaciones empresariales y sindicales más representativas, en la planificación, programación, organización y control de la gestión relacionada con la mejora de las condiciones de trabajo y la protección de la seguridad y salud de los trabajadores en el trabajo.

b) La participación de empresarios y trabajadores, a través de las organizaciones empresariales y sindicales más representativas, en la planificación, programación, organización y control de la gestión relacionada con la mejora de las condiciones de trabajo y la protección de la seguridad y salud de los trabajadores en el trabajo.

c) El acuerdo de empresarios y trabajadores, a través de las organizaciones empresariales y sindicales más representativas, en la planificación, programación, organización y control de la gestión relacionada con la mejora de las condiciones de trabajo y la protección de la seguridad y salud de los trabajadores en el trabajo.

d) El arbitraje de empresarios y trabajadores, a través de las organizaciones empresariales y sindicales más representativas, en la planificación, programación, organización y control de la gestión relacionada con la mejora de las condiciones de trabajo y la protección de la seguridad y salud de los trabajadores en el trabajo.

14. La regulación de los requisitos mínimos que deben reunir las condiciones de trabajo para la protección de la seguridad y la salud de los trabajadores, corresponde a:

a) Las Cortes Generales.

b) El Gobierno de la nación, previa consulta a las organizaciones sindicales y empresariales más representativas.

c) El Consejo de Gobierno de cada Comunidad Autónoma; por delegación del Consejo de Ministros.

d) Los Convenios Colectivos.

15. Las normas reglamentarias en materia de prevención las dicta:

a) El Gobierno, a través de las correspondientes normas reglamentarias y previa consulta a las organizaciones sindicales y empresariales más representativas.

b) Los Delegados de Prevención.

c) Los Delegados de Prevención y el Empresario.

d) El Empresario.

16. La Comisión Nacional de Seguridad y Salud en el Trabajo, está compuesta por:

a) Representantes de las organizaciones sindicales y empresariales.

b) Un representante de cada una de las Comunidades Autónomas y representantes de las organizaciones sindicales y empresariales.

c) Representantes de la Administración y representantes de las organizaciones sindicales y empresariales.

d) Un representante de cada una de las Comunidades Autónomas y por igual número de miembros de la Administración General del Estado y, paritariamente con todos los anteriores, por representantes de las organizaciones empresariales y sindicales más representativas.

17. La función de vigilancia y control de la normativa sobre prevención de riesgos laborales corresponde:

a) A la Dirección General de Personal y Desarrollo Profesional.
b) A la Delegación Provincial de Trabajo.
c) A la Inspección de Trabajo y Seguridad Social.
d) Al Servicio de Medicina Preventiva.

18. El órgano científico técnico especializado de la Administración General del Estado que tiene como misión el análisis y estudio de las condiciones de seguridad y salud en el trabajo, así como la promoción y apoyo a la mejora de las mismas, es:

a) El Instituto Nacional de Seguridad y Salud en el Trabajo.
b) La Comisión Nacional de Seguridad y Salud en el Trabajo.
c) El Instituto Carlos III.
d) El Centro Nacional de Promoción y Cuidados de la Salud.

19. ¿Quién debe garantizar a los trabajadores la vigilancia periódica de su estado de salud en función de los riesgos inherentes al trabajo?

a) La Inspección de Trabajo.
b) El propio trabajador.
c) El empresario.
d) Las secciones sindicales.

20. El derecho básico reconocido a los trabajadores por la Ley 31/1995, de 8 de noviembre, es:

a) La vigilancia de su estado de salud.
b) Una protección eficaz en materia de seguridad y salud en el trabajo.
c) La formación en materia preventiva.
d) La información, consulta y participación.

En MADTEST tienes **más preguntas de este tema**, y todos tus avances quedan registrados y se reflejan en el ranking.

¡Supera tus límites con MADTEST!

Solución al test n.º 10

1. a) La posibilidad de que un trabajador sufra un determinado daño derivado del trabajo.

2. c) Conjunto de actividades o medidas adoptadas o previstas en todas las fases de actividad de la empresa con el fin de evitar o disminuir los riesgos derivados del trabajo.

3. c) Las enfermedades, patologías o lesiones sufridas con motivo u ocasión del trabajo.

4. b) La presente Ley tiene por objeto promover la seguridad y la salud de los trabajadores mediante la aplicación de medidas y el desarrollo de las actividades necesarias para la prevención de riesgos derivados del trabajo.

5. a) Una condición de trabajo.

6. b) Es un accidente.

7. a) La Ley de Prevención de Riesgos Laborales se aplica a los operativos de Seguridad civil en casos de catástrofe.

8. a) La probabilidad de que se produzca.

9. d) Promoción.

10. b) Igualdad entre mujeres y hombres.

11. a) Como centro de referencia nacional.

12. c) Coordinar.

13. b) La participación de empresarios y trabajadores, a través de las organizaciones empresariales y sindicales más representativas, en la planificación, programación, organización y control de la gestión relacionada con la mejora de las condiciones de trabajo y la protección de la seguridad y salud de los trabajadores en el trabajo.

14. b) El Gobierno de la nación, previa consulta a las organizaciones sindicales y empresariales más representativas.

15. a) El Gobierno, a través de las correspondientes normas reglamentarias y previa consulta a las organizaciones sindicales y empresariales más representativas.

16. d) Un representante de cada una de las Comunidades Autónomas y por igual número de miembros de la Administración General del Estado y, paritariamente con todos los anteriores, por representantes de las organizaciones empresariales y sindicales más representativas.

17. c) A la Inspección de Trabajo y Seguridad Social.

18. a) El Instituto Nacional de Seguridad y Salud en el Trabajo.

19. c) El empresario.

20. b) Una protección eficaz en materia de seguridad y salud en el trabajo.

TEST N.º 11

El Reglamento (UE) 2016/679 del Parlamento Europeo y del Consejo, de 27 de abril de 2016, relativo a la protección de las personas físicas en lo que respecta al tratamiento de datos personales y a la libre circulación de estos datos: disposiciones generales, principios y derechos del interesado

1. **El artículo 18.1 de la Constitución Española garantiza el derecho al honor, a la intimidad personal y familiar y a:**

a) La protección de datos de carácter personal.
b) La confidencialidad.
c) La propia imagen.
d) El secreto profesional.

2. **Los datos personales obtenidos a partir de un tratamiento técnico específico, relativos a las características físicas, fisiológicas o conductuales de una persona física que permitan o confirmen la identificación única de dicha persona, como imágenes faciales o datos dactiloscópicos, se denominan:**

a) Datos corporales.
b) Datos naturales.
c) Datos genéticos.
d) Datos biométricos.

3. **¿En virtud de qué principio previsto por el Reglamento General de Protección de Datos, los datos personales serán adecuados, pertinentes y limitados a lo necesario en relación con los fines para los que son tratados?**

a) Principio de exactitud.
b) Principio de limitación de la finalidad.
c) Principio de responsabilidad proactiva.
d) Principio de minimización de datos.

4. En relación al consentimiento del interesado al tratamiento de datos de carácter personal, es cierto que:

a) En ningún caso se puede obligar a nadie a facilitar sus datos.

b) El consentimiento ha de ser previo a la información sobre el tratamiento.

c) Si se puede consentir libremente, del mismo modo, se puede retirar el consentimiento.

d) La solicitud del consentimiento deberá ir referida a todos los tratamientos que se puedan dar en un plazo determinado.

5. El derecho a la portabilidad de los datos:

a) Se podrá aplicar a los tratamientos que sean necesario para el cumplimiento de una misión realizada en interés público o en el ejercicio de poderes públicos conferidos al responsable del tratamiento.

b) A diferencia de otros derechos, podrá afectar negativamente a los derechos y libertades de otros.

c) Supone la obligación de que, en todo caso, los datos personales se transmitan directamente de responsable a responsable.

d) Requiere que el tratamiento se efectúe por medios automatizados.

6. Conforme al RGPD, ¿puede facilitarse la información al interesado de forma verbal?

a) No, en ningún caso.

b) Sí, siempre que lo solicite el interesado.

c) Sí, en cualquier caso siempre que se demuestre la identidad del interesado por otros medios.

d) Sí, cuando lo solicite el interesado y se pueda demostrar su identidad por otros medios.

7. Conforme al artículo 17 del RGPD, el derecho de supresión no se podrá aplicar cuando:

a) Los datos personales ya no sean necesarios en relación con los fines para los que fueron recogidos o tratados de otro modo.

b) Los datos personales se hayan obtenido en relación con la oferta de servicios de la sociedad de la información.

c) Los datos personales hayan sido tratados ilícitamente.

d) Los datos personales sean necesarios para ejercer el derecho a la libertad de expresión e información.

8. Conforme al artículo 18 del RGPD, el interesado tendrá derecho a obtener del responsable del tratamiento la limitación del tratamiento de los datos:

a) Cuando los datos personales ya no sean necesarios en relación con los fines para los que fueron recogidos o tratados de otro modo.

b) Para que el interesado pueda ejercer el derecho a la libertad de expresión e información.

c) Cuando el interesado impugne la exactitud de los datos personales, durante un plazo que permita al responsable verificar la exactitud de los mismos.

d) Por razones de interés público en el ámbito de la salud pública.

9. En relación al derecho de portabilidad, es cierto que:

a) El ejercicio de este derecho impide el ejercicio del derecho de supresión.

b) Al ejercer su derecho a la portabilidad de los datos, el interesado tendrá que transmitir los datos directamente al nuevo responsable de los mismos.

c) Se aplicará al tratamiento que sea necesario para el cumplimiento de una misión realizada en interés público o en el ejercicio de poderes públicos conferidos al responsable del tratamiento.

d) No podrá afectar negativamente a los derechos y libertades de otros.

10. Cuando los plazos se señalen por días en el RGPD o en la LO 3/2018, se entiende que estos:

a) Son naturales.

b) Son hábiles, de lunes a sábado; excluyéndose del cómputo los domingos y los declarados festivos.

c) Son naturales; excluyéndose del cómputo los declarados festivos.

d) Son hábiles, excluyéndose del cómputo los sábados, los domingos y los declarados festivos.

11. El RGPD considera "destinatario":

a) A la persona física o jurídica, autoridad pública, servicio u otro organismo al que se comuniquen datos personales, siempre que se trate de un tercero.

b) A la persona física o jurídica, autoridad pública, servicio u otro organismo al que se comuniquen datos personales, se trate o no de un tercero.

c) A la autoridad pública que pueda recibir datos personales en el marco de una investigación concreta de conformidad con el Derecho de la Unión o de los Estados miembros.

d) A la persona física o jurídica, autoridad pública, servicio u organismo distinto del interesado, del responsable del tratamiento, del encargado del tratamiento y de las personas autorizadas para tratar los datos personales bajo la autoridad directa del responsable o del encargado.

12. El RGPD denomina a la autoridad pública independiente establecida por un Estado miembro:

a) Agencia Nacional de Protección de Datos.
b) Representante.
c) Autoridad de control.
d) Autoridad de referencia.

13. ¿Cómo denomina el RGPD el tratamiento de datos personales de manera tal que ya no puedan atribuirse a un interesado sin utilizar información adicional, siempre que dicha información adicional figure por separado y esté sujeta a medidas técnicas y organizativas destinadas a garantizar que los datos personales no se atribuyan a una persona física identificada o identificable?

a) Seudonimización.
b) Anonimización.
c) Generalización.
d) Encriptación.

14. ¿Qué título de la LO 3/2018, de 5 de diciembre, de Protección de Datos Personales y garantía de los derechos digitales, se refiere a los principios de la protección de datos?

a) Título I.
b) Título II.
c) Título III.
d) Título IV.

15. Respecto a la naturaleza de la LO 3/ 2018, de 5 de diciembre, de Protección de Datos Personales y garantía de los derechos digitales:

a) Todo su articulado tiene carácter de ley orgánica.
b) Los títulos I a V tienen carácter de ley orgánica y los títulos restantes, carácter de ley ordinaria.
c) Los títulos I a X tienen carácter de ley orgánica, mientras que las disposiciones adicionales, transitorias, derogatoria y finales tienen carácter de ley ordinaria.
d) Algunos títulos, artículos y disposiciones tienen carácter de ley ordinaria.

16. Lo dispuesto en los Títulos I a IX y en los artículos 89 a 94 de la LO 3/2018 se aplica:

a) Al tratamiento no automatizado de datos personales contenidos o destinados a ser incluidos en un fichero.
b) A los tratamientos excluidos del ámbito del RGPD.
c) A los tratamientos de datos de personas fallecidas.
d) A los tratamientos sometidos a la normativa sobre protección de materias clasificadas.

17. Conforme al artículo 3 de la LO 3/2018, las personas vinculadas al fallecido por razones familiares o de hecho, así como sus herederos:

a) No podrán dirigirse al responsable o encargado del tratamiento para solicitar el acceso a los datos personales de aquella, si no es por vía judicial.
b) Solo podrán dirigirse al encargado del tratamiento, siempre que sea con objeto de rectificar datos manifiestamente falsos.

c) Podrán dirigirse al responsable o encargado del tratamiento siempre que sea con objeto de solicitar la supresión de los datos personales de aquella sin posibilidad de acceder a ellos.

d) Podrán dirigirse al responsable o encargado del tratamiento al objeto de solicitar el acceso a los datos personales de aquella y, en su caso, su rectificación o supresión.

18. Según el artículo 6.2 de la Ley Orgánica 3/2018 de Protección de Datos Personales y garantía de los derechos digitales, cuando se pretenda fundar el tratamiento de los datos en el consentimiento del afectado para una pluralidad de finalidades, será preciso que conste de manera específica e inequívoca que dicho consentimiento se otorga:

a) Por un periodo de tiempo.
b) Irrevocablemente.
c) Para todas ellas.
d) Por interés público.

19. Toda persona cuya identidad pueda determinarse, directa o indirectamente, en particular mediante un identificador, como por ejemplo un nombre, un número de identificación, datos de localización, un identificador en línea o uno o varios elementos propios de la identidad física, fisiológica, genética, psíquica, económica, cultural o social de dicha persona, se considerará persona física:

a) Identificable.
b) Fichada.
c) Legal.
d) Tratable.

20. Los datos personales serán tratados de tal manera que se garantice una seguridad adecuada de los mismos, incluida la protección contra el tratamiento no autorizado o ilícito y contra su pérdida, destrucción o daño accidental, mediante la aplicación de medidas técnicas u organizativas apropiadas; todo ello en virtud del principio de:

a) Responsabilidad proactiva.
b) Integridad y confidencialidad.
c) Limitación de la finalidad.
d) Licitud, lealtad y transparencia.

En MADTEST tienes **más preguntas de este tema**, y todos tus avances quedan registrados y se reflejan en el ranking.

¡Supera tus límites con MADTEST!

Solución al test n.º 11

1. c) La propia imagen.

2. d) Datos biométricos.

3. d) Principio de minimización de datos.

4. c) Si se puede consentir libremente, del mismo modo, se puede retirar el consentimiento.

5. d) Requiere que el tratamiento se efectúe por medios automatizados.

6. d) Sí, cuando lo solicite el interesado y se pueda demostrar su identidad por otros medios.

7. d) Los datos personales sean necesarios para ejercer el derecho a la libertad de expresión e información.

8. c) Cuando el interesado impugne la exactitud de los datos personales, durante un plazo que permita al responsable verificar la exactitud de los mismos.

9. d) No podrá afectar negativamente a los derechos y libertades de otros.

10. d) Son hábiles, excluyéndose del cómputo los sábados, los domingos y los declarados festivos.

11. b) A la persona física o jurídica, autoridad pública, servicio u otro organismo al que se comuniquen datos personales, se trate o no de un tercero.

12. c) Autoridad de control.

13. a) Seudonimización.

14. b) Título II.

15. c) Los títulos I a X tienen carácter de ley orgánica, mientras que las disposiciones adicionales, transitorias, derogatoria y finales tienen carácter de ley ordinaria.

16. a) Al tratamiento no automatizado de datos personales contenidos o destinados a ser incluidos en un fichero.

17. d) Podrán dirigirse al responsable o encargado del tratamiento al objeto de solicitar el acceso a los datos personales de aquella y, en su caso, su rectificación o supresión.

18. c) Para todas ellas.

19. a) Identificable.

20. b) Integridad y confidencialidad.

TEST
PARTE ESPECÍFICA

TEST N.º 1

Actividades del auxiliar de enfermería en atención primaria y atención especializada. Coordinación entre niveles asistenciales: concepto. Cuidados, necesidades básicas y autocuidados. El hospital y los problemas psicosociales y de adaptación del paciente hospitalizado

1. Cuando en un sistema de atención a la salud hablamos de Atención Secundaria hacemos referencia:

a) Al nivel más básico y elemental del sistema.
b) A un nivel no básico sino especializado.
c) A un nivel superespecializado del sistema.
d) Ninguna respuesta es correcta.

2. Señale la respuesta incorrecta respecto al concepto de Atención Primaria:

a) Constituye el primer nivel de acceso ordinario de la población al Sistema Sanitario Público, y se caracteriza por prestar atención integral a la salud.
b) En los servicios de Atención Primaria el usuario halla respuesta a sus problemas más habituales de salud y enfermedad, y sólo cuando el diagnóstico y tratamiento lo requieran y ya no pueda ser atendido con los medios de ese primer nivel, será derivado a la Atención Especializada.
c) La Atención Primaria se desarrolla al principio de la década de los sesenta, como una reacción en contra del sistema sanitario básicamente hospitalario y curativo, especializado, costoso, tecnificado, y alejado del individuo.
d) En los servicios de Atención Primaria el usuario halla respuesta a sus problemas más habituales de salud y enfermedad, y sólo cuando el diagnóstico y tratamiento lo requieran y ya no pueda ser atendido con los medios de ese primer nivel, será derivado a la Atención Especializada.

3. ¿Dónde se realizó la Conferencia Internacional sobre Atención Primaria de Salud en la que se definió en su punto VI lo que debe entenderse por Atención Primaria?

a) En Boston.
b) En Berlín.

c) En Kiev.

d) En Alma-Ata.

4. ¿En qué fecha se hizo pública en Alma-Ata, capital de Kazajstán, antigua República Soviética, la Conferencia Internacional sobre Atención Primaria de Salud?

a) El 12 de septiembre de 1978.

b) El 15 de octubre de 1978.

c) El 19 de noviembre de 1978.

d) El 2 de enero de 1980.

5. Una de las características de la Atención Primaria de Salud:

a) Los Ambulatorios y los Consultorios han venido a sustituir a los Centros de Salud.

b) Se han instaurado nuevos horarios y régimen de personal, ya no es necesario una dedicación exclusiva al sistema sanitario público por parte de los profesionales.

c) Surge una nueva sectorización del territorio, desaparecen las Zonas Básicas de Salud.

d) Se crean nuevos profesionales que se incorporan, tales como los Trabajadores Sociales, Odontólogos, Farmacéuticos y Veterinarios y los Técnicos de Salud Pública.

6. Señale cuál de las siguientes no es una de las características de la Atención Primaria de Salud:

a) Se establecen nuevos servicios como la cita previa programada, Historia Clínica familiar e individual, Consultas de Enfermería, Consultas del «niño sano», Servicios de Información al Usuario, etc.

b) Surge una nueva concepción de la asistencia sanitaria, individual y colectiva, en la que no sólo se curan individuos enfermos sino que se promociona la salud y se educan individuos sanos.

c) Desaparecen antiguas áreas asistenciales tales como Salud laboral, Salud Mental, Asistencia social, Enfermos crónicos, etc.

d) Se crea una nueva sectorización del territorio, las Zonas Básicas de Salud.

7. Uno de los objetivos de la Atención Primaria de Salud es:

a) La promoción de la salud, prevención de la enfermedad y asistencia curativa.

b) La educación sanitaria de la población.

c) La planificación, organización y dirección y evaluación de los servicios sanitarios.

d) Todas las respuestas son correctas.

8. Uno de los objetivos de la Atención Primaria de Salud es:

a) La integración de la actividad sanitaria asistencial y la preventiva.

b) La elevación del nivel de calidad del sistema de salud, y del grado de satisfacción de usuarios y profesionales.

c) El diagnóstico continuado de la salud de la Zona.
d) Todas las respuestas son correctas.

9. ¿En qué se diferencia la Atención Especializada de la Atención Primaria?

a) En que la Atención Especializada se presta en régimen ambulatorio y la Atención Primaria no.
b) En que la Atención Especializada se presta en régimen de urgencias y la Atención Primaria no.
c) En que sólo la Atención Especializada ofrece la asistencia en régimen de internamiento.
d) Todas las respuestas son correctas.

10. ¿Cuál es la estructura física fundamental de la Atención Especializada?

a) El Centro de Salud.
b) El Ambulatorio.
c) El Consultorio.
d) El Hospital.

11. Uno de los objetivos de la Atención Especializada es:

a) Prestar asistencia ambulatoria especializada.
b) Posibilitar la hospitalización de los pacientes que lo precisen.
c) Poner sus Centros e Instituciones a disposición de la investigación y docencia en materia de salud.
d) Todas las respuestas son correctas.

12. ¿Cuál de las siguientes no es una ventaja de trabajar con un modelo de enfermería?

a) La valoración se hace sobre la base de los signos y síntomas.
b) La atención prestada es integral.
c) Permite llevar a cabo todo el proceso de atención de enfermería.
d) La valoración se hace sobre la base de respuestas humanas.

13. Se considera matriarca de la enfermería a:

a) Virginia Henderson.
b) Nancy Roper.
c) Dorotea Orem.
d) Florence Nightingale.

14. ¿Cuál de las siguientes autoras pertenece al modelo de relaciones interpersonales?

a) Nancy Roper.
b) Callista Roy.
c) Orlando.
d) Virginia Henderson.

15. ¿A qué modelo de enfermería pertenece Hildegarde Peplau?

a) Modelos de sistemas.
b) Modelos de autocuidados.
c) Modelos interaccionistas.
d) Modelos naturistas.

16. ¿Cuál de las siguientes son necesidades básicas del paciente, según Virginia Henderson?

a) Realizar prácticas religiosas según la fe de cada uno.
b) Eludir los riesgos del entorno y evitar lesionar a otros.
c) Moverse y mantener la posición deseada.
d) Todas son correctas.

17. La meta de Virginia Henderson es:

a) La adaptación del paciente.
b) El máximo grado de crecimiento personal del paciente.
c) Identificar las necesidades del paciente.
d) La independencia del paciente.

18. ¿Qué autora señala tres niveles en la relación enfermera-paciente?

a) Virginia Henderson.
b) Travelbee.
c) Orlando.
d) Hildegarde Peplau.

19. Según Dorotea Orem, la función de enfermería es:

a) Apreciar las necesidades básicas humanas.
b) Facilitar atención para influir de alguna forma sobre el paciente con el fin de que este evolucione y llegue a conseguir un óptimo nivel de autocuidado.
c) Diagnosticar y tratar si la situación lo exige.
d) Ayudar a las personas sanas y enfermas.

20. Según Dorotea Orem, el Sistema en el que enfermera y paciente realizan medidas de asistencia y otras actividades manipulativas o de deambulación, se denomina:

a) Sistema de enfermería educativo.
b) Sistema de enfermería parcialmente compensador.
c) Sistema de enfermería totalmente compensador.
d) Sistema de apoyo.

En MADTEST tienes **más preguntas de este tema**, y todos tus avances quedan registrados y se reflejan en el ranking.

¡Supera tus límites con MADTEST!

Solución al test n.º 1

1. b) A un nivel no básico sino especializado.

2. c) La Atención Primaria se desarrolla al principio de la década de los sesenta, como una reacción en contra del sistema sanitario básicamente hospitalario y curativo, especializado, costoso, tecnificado, y alejado del individuo.

3. d) En Alma-Ata.

4. a) El 12 de septiembre de 1978.

5. d) Se crean nuevos profesionales que se incorporan, tales como los Trabajadores Sociales, Odontólogos, Farmacéuticos y Veterinarios y los Técnicos de Salud Pública.

6. c) Desaparecen antiguas áreas asistenciales tales como Salud laboral, Salud Mental, Asistencia social, Enfermos crónicos, etc.

7. d) Todas las respuestas son correctas.

8. d) Todas las respuestas son correctas.

9. c) En que sólo la Atención Especializada ofrece la asistencia en régimen de internamiento.

10. d) El Hospital.

11. d) Todas las respuestas son correctas.

12. a) La valoración se hace sobre la base de los signos y síntomas.

13. d) Florence Nightingale.

14. c) Orlando.

15. c) Modelos interaccionistas.

16. d) Todas son correctas.

17. d) La independencia del paciente.

18. a) Virginia Henderson.

19. b) Facilitar atención para influir de alguna forma sobre el paciente con el fin de que este evolucione y llegue a conseguir un óptimo nivel de autocuidado.

20. b) Sistema de enfermería parcialmente compensador.

TEST N.º 2

Prevención y promoción de la salud: concepto. Detección precoz de problemas de salud: concepto. Prevención de accidentes en el paciente. Inmunizaciones: concepto. Tipos de vacunas: conservación y almacenamiento. Educación para la salud: concepto y técnicas didácticas

1. ¿Qué nivel de atención sanitaria tiene que más posibilidades de influir en los cambios de actitudes en las personas, a través del contacto directo y continuo de los profesionales sanitarios con el paciente? Nivel de atención:

a) Primario.
b) Secundario.
c) Terciario.
d) Cuaternario.

2. La promoción de la salud:

a) Se dirige esencialmente a los individuos o sujetos que componen una población y se circunscribe exclusivamente al campo sanitario.
b) Se dirige preferentemente al conjunto de la población y va más allá del campo estrictamente sanitario.
c) Se dirige preferentemente al conjunto de la población y se circunscribe exclusivamente al campo sanitario.
d) Se dirige esencialmente a los individuos o sujetos que componen una población y va más allá del campo estrictamente sanitario.

3. Todo lo que se expone es falso, excepto:

a) La prevención no se centra preferentemente en los individuos.
b) La promoción de la salud centra su tarea en el aspecto negativo del proceso salud-enfermedad.
c) La prevención de enfermedades se centra en el aspecto negativo del proceso salud-enfermedad.
d) Todo es cierto.

4. ¿Que se define al decir "cualquier medida que permita reducir la probabilidad de aparición de una afección o enfermedad o bien interrumpir o aminorar su progresión"?

a) Promoción de la salud.
b) Prevención.
c) Higiene personal.
d) Hábito saludable.

5. ¿Qué prevención tiene por objeto durante la historia natural de la enfermedad disminuir la incidencia de enfermedades? La prevención...

a) Primaria.
b) Secundaria.
c) Terciaria.
d) Cuaternaria.

6. ¿Qué tipo de acción preventiva consideras de nivel primario?

a) Cribaje (screening).
b) Rehabilitación funcional.
c) Tratamiento precoz.
d) Inmunización.

7. ¿Cómo se denomina el nivel de prevención que se desarrolla antes de que la enfermedad se origine, según el momento de actuación de la historia natural de la enfermedad?

a) Primaria.
b) Secundaria.
c) Terciaria.
d) Cuaternaria.

8. La aplicación de métodos de detección precoz de enfermedades como el cribaje o screening, es del nivel de prevención:

a) Primario.
b) Secundario.
c) Terciario.
d) Cuaternario.

9. En el adulto, la prevención primaria de salud pasa por:

a) Control de los agentes nocivos del medio ambiente.
b) Evitación de la exposición a factores nocivos.
c) Modificación de conductas insanas.
d) Pasa por todo lo anterior.

10. La prevención primaria se lleva a cabo durante la enfermedad en el periodo:

a) Prepatogénico.
b) Presintomático.
c) Convaleciente.
d) Patogénico.

11. ¿A cuál de estos profesionales no consideras un agente de la EPS?

a) Trabajadores Sociales.
b) Maestros.
c) Abogados.
d) Farmacéuticos.

12. ¿Cuál es el primer eslabón social para llevar a cabo la práctica de la Educación para la Salud con el fin de mejorar los indicadores de salud en la Comunidad?

a) La familia.
b) Los servicios de salud.
c) La escuela.
d) La empresa.

13. ¿De quién es competencia la Educación para la Salud en nuestro país a nivel de empresa?

a) Del médico y enfermero de Atención Primaria.
b) De los Servicios Médicos de Empresa y de los Institutos de Seguridad e Higiene en el Trabajo.
c) De los Servicios Médicos de Empresa y del médico y enfermero de Atención Primaria.
d) Del médico y enfermero de Atención Especializada.

14. ¿Cuántos criterios a tener en cuenta estableció Barlett para realizar Educación para la Salud en enfermos?

a) 5.
b) 6.
c) 7.
d) 8.

15. ¿A qué nivel de prevención se corresponden las acciones dirigidas a informar y motivar a los ciudadanos para que abandonen los estilos de vida insanos?

a) Primario.
b) Secundario.
c) Terciario.
d) Cuaternario.

16. ¿Qué es falso de los métodos directivos en la Educación para la Salud?

a) El cambio de conducta hacia un mal hábito suele ser permanente.
b) Se apoyan en la autoridad de quien imparte la EPS.
c) El objetivo con estos métodos no suele alcanzarse.
d) Se intenta incluir conocimientos en la persona para que su comportamiento se modifique de forma permanente.

17. Los métodos y medios de Educación para la Salud se fijarán en función de:

a) El receptor, el coste económico de personal que imparte y el tiempo.
b) El coste económico de personal y tiempo que se lleva a cabo.
c) El contenido, el receptor y el coste económico de personal y tiempo.
d) Exclusivamente del receptor que sufre el efecto de la EPS.

18. ¿Qué método de Educación para la Salud es indirecto?

a) Proyección de vídeo.
b) Entrevista.
c) Charla.
d) Clase.

19. ¿A qué se denomina la capacidad del entrevistador para entender los problemas y sentimientos del paciente?

a) Empatía.
b) Simpatía.
c) Amabilidad.
d) Asertividad.

20. ¿A qué nos referimos con la capacidad del entrevistador para dejar hablar y para escuchar?

a) Asertividad.
b) Reactividad.
c) Simpatía.
d) Retroalimentación.

En MADTEST tienes **más preguntas de este tema**, y todos tus avances quedan registrados y se reflejan en el ranking.

¡Supera tus límites con MADTEST!

Solución al test n.º 2

1. a) Primario.

2. b) Se dirige preferentemente al conjunto de la población y va más allá del campo estrictamente sanitario.

3. c) La prevención de enfermedades se centra en el aspecto negativo del proceso salud-enfermedad.

4. b) Prevención.

5. a) Primaria.

6. d) Inmunización.

7. a) Primaria.

8. b) Secundario.

9. d) Pasa por todo lo anterior.

10. a) Prepatogénico.

11. c) Abogados.

12. a) La familia.

13. b) De los Servicios Médicos de Empresa y de los Institutos de Seguridad e Higiene en el Trabajo.

14. d) 8.

15. a) Primario.

16. a) El cambio de conducta hacia un mal hábito suele ser permanente.

17. c) El contenido, el receptor y el coste económico de personal y tiempo.

18. a) Proyección de vídeo.

19. a) Empatía.

20. b) Reactividad.

TEST N.º 3

Habilidades de comunicación y relación interpersonal. Empatía y escucha activa. Apoyo y ayuda al paciente y familia. Trabajo en equipo

1. Al individuo que habla, gesticula, escribe, pinta, etc., en la comunicación, se le denomina:

a) Mensajero.
b) Fuente.
c) Receptor.
d) Destino.

2. ¿Cómo se denomina la comunicación en que se emite un mensaje por parte del emisor que llega al receptor, consiguiendo que este ejecute una tarea o una función?

a) Comunicación Horizontal.
b) Comunicación Diagonal.
c) Comunicación Vertical.
d) Comunicación Triangular.

3. ¿A qué se denomina el método que permite a una persona hacer comprensible a otra cualquier idea o hecho que se le quiere transmitir?

a) Comunicación.
b) Transmisión.
c) Explicación o charla.
d) Transferencia.

4. ¿Qué barrera del lenguaje se da por discapacidad física?

a) Neurosis.
b) Alteraciones de la memoria.
c) Ceguera.
d) Psicosis.

5. ¿Cuál es el objetivo en la relación interpersonal celador/paciente/familiar?

a) La salud.
b) La eficiencia profesional.
c) La ayuda.
d) La eficacia profesional.

6. ¿Qué término se aplica cuando en una relación interpersonal no se consigue lo que se esperaba?

a) Enojo.
b) Frustración.
c) Agresividad.
d) Deserción.

7. ¿En qué pilares ha de basarse la relación interpersonal?

a) Compromiso, objetivo común y desinterés.
b) Sinceridad, confianza y respeto.
c) Cooperación, dominación y aislamiento.
d) Confianza, creatividad, compromisos renovados y respeto mutuo.

8. ¿Cómo se denomina aquella habilidad personal que nos permite expresar sentimientos, opiniones y pensamientos, en el momento oportuno, de la forma adecuada, sin negar ni desconsiderar los derechos de los demás?

a) Compromiso.
b) Empatía.
c) Simpatía.
d) Asertividad.

9. El funcionamiento objetivo de un equipo de trabajo debe reunir todas estas características excepto:

a) Determinación del fin a obtener de modo transparente.
b) El fin a obtener debe ser conocido por todos sus miembros.
c) Descripción de soluciones mediante la utilización de las sugerencias y soluciones expuestas por los miembros.
d) Ejecución del objetivo, exclusivamente a través del líder o superior.

10. ¿Qué es falso de estas afirmaciones?

a) Un grupo de personas es siempre un equipo de trabajo.
b) Un equipo de trabajo está formado siempre por un grupo de personas.
c) Un equipo es un grupo de personas que se organiza para realizar una actividad con un objetivo preciso.
d) Grupo y equipo son dos conceptos diferentes.

11. ¿Qué se define como la integración de elementos que da como resultado algo más grande que la simple suma de estos?

a) Antagonismo.
b) Coordinación.
c) Indiferencia.
d) Sinergia.

12. El compromiso en un trabajo en equipo es:

a) Cuando cada miembro asume voluntariamente el hecho de aportar lo mejor de sí mismo, para conseguir los objetivos del grupo y de la organización en general.
b) La necesidad de poder coordinar las distintas actuaciones individuales.
c) La interdependencia positiva entre las personas participantes en un equipo.
d) Todo lo anterior es falso.

13. ¿Cuál es la cifra recomendada en cuanto a número de miembros en los equipos de salud?

a) De aproximadamente 5.
b) De aproximadamente 10.
c) De aproximadamente 15.
d) De aproximadamente 20.

14. ¿En qué etapa de la puesta en marcha de un equipo de trabajo se superan generalmente los enfrentamientos personales y el proyecto comienza a salir adelante?

a) En la etapa de inicio.
b) En la etapa de madurez.
c) En la etapa de acoplamiento.
d) En la etapa de primeras dificultades.

15. ¿Qué rol de estos consideras que es funcional de producción en un equipo de trabajo?

a) El crítico.
b) El iniciador.
c) El pícaro.
d) El negativo.

16. ¿Cómo se denomina a aquel sujeto *con capacidad para formar, orientar y dar criterio a un determinado grupo de auxiliares, en una institución sanitaria*?

a) Líder.
b) Intelectual.
c) Asertivo.
d) Prolíder.

17. ¿Qué función de un líder de un grupo multidisciplinario no es adecuada?

a) Hacer que marche y funcione sin más la organización.
b) Ordenar y controlar los conflictos internos.
c) Imbuir el espíritu del grupo.
d) Definir la misión y el papel del grupo.

18. ¿Qué estilo de comunicación favorece la cooperación y evita la confrontación?

a) Comunicación agresiva.
b) Comunicación pasiva.
c) Comunicación asertiva.
d) Comunicación manipulativa.

19. En el proceso de comunicación, ¿cuál es el principal obstáculo cuando el técnico utiliza un lenguaje que el paciente no puede descodificar?

a) Terminología científica.
b) Expresión no verbal.
c) Flujo de información excesivo.
d) Interferencias psicológicas.

20. ¿Cuál de los siguientes no es un componente de la actitud según la psicología social?

a) Componente cognoscitivo.
b) Componente afectivo.
c) Componente motivacional.
d) Componente conductual.

En MADTEST tienes **más preguntas de este tema**, y todos tus avances quedan registrados y se reflejan en el ranking.

¡Supera tus límites con MADTEST!

Solución al test n.º 3

1. b) Fuente.

2. a) Comunicación Horizontal.

3. c) Explicación o charla.

4. c) Ceguera.

5. c) La ayuda.

6. b) Frustración.

7. b) Sinceridad, confianza y respeto.

8. d) Asertividad.

9. d) Ejecución del objetivo, exclusivamente a través del líder o superior.

10. a) Un grupo de personas es siempre un equipo de trabajo.

11. d) Sinergia.

12. a) Cuando cada miembro asume voluntariamente el hecho de aportar lo mejor de sí mismo, para conseguir los objetivos del grupo y de la organización en general.

13. b) De aproximadamente 10.

14. c) En la etapa de acoplamiento.

15. b) El iniciador.

16. a) Líder.

17. a) Hacer que marche y funcione sin más la organización.

18. c) Comunicación asertiva.

19. a) Terminología científica.

20. c) Componente motivacional.

TEST N.º 4

Necesidades de higiene en el recién nacido y adulto: concepto higiene general y parcial de la piel y capilar. Técnica de higiene del paciente encamado: total y parcial. Técnica de baño asistido

1. ¿Qué elemento o elementos anatómicos de estos no pertenece al sistema tegumentario?

a) Piel.
b) Pelos.
c) Uñas.
d) Cartílagos.

2. El tejido celular subcutáneo de la piel se denomina:

a) Dermis.
b) Hipodermis.
c) Epidermis.
d) Tejido de Malpighio.

3. ¿Dónde no hay glándulas sebáceas?

a) En axilas.
b) En plantas del pie y palmas de las manos.
c) En cuero cabelludo.
d) En cara.

4. ¿Cómo se denomina la parte de las uñas que se observa en sus zonas proximales en forma de zona blanquecina semicircular?

a) Cutícula.
b) Lúnula.
c) Bulbo.
d) Médula.

5. ¿Cómo se denomina la lesión primaria de la piel, elevada, circunscrita, infiltrada, producida por inflamación crónica y que deja cicatriz cuando resuelve?

a) Tubérculo.
b) Roncha.
c) Habón.
d) Vesícula.

6. ¿Qué lesión elemental primaria de la piel es aquella que se manifiesta sobreelevada y de contenido sólido, inferior a 1 cm de diámetro?

a) Pápula.
b) Mácula.
c) Púrpura.
d) Ampolla.

7. ¿Qué lesión secundaria y elemental de la piel es producida por desecación de exudados o sangre?

a) Pústula.
b) Escama.
c) Costra.
d) Liquenificación.

8. Una erosión en la piel se define como aquella lesión elemental que se manifiesta como:

a) Una pérdida superficial de la epidermis que cura sin cicatriz.
b) Una solución de continuidad que afecta a epidermis y dermis papilar.
c) Una pérdida de sustancia que afecta a epidermis, dermis y tejido subcutáneo.
d) Una pequeña elevación cutánea parecida a la ampolla pero contiene en su interior pus.

9. ¿Qué dermatosis es muy frecuente en adolescencia (hasta en el 80 %)?

a) Acné.
b) Psoriasis.
c) Vitíligo.
d) Forúnculos.

10. ¿Qué infección de la piel es vírica?

a) Psoriasis.
b) Herpes simple.
c) Forúnculo.
d) Escabiosis.

11. La denominada vulgarmente como "ladilla" la ocasiona:

a) *Pediculis humanus capitis.*
b) *Pediculis humanus corporis.*
c) *Phthirus pubis.*
d) *Pediculis scrotae.*

12. La escabiosis es otra denominación de:

a) La sarna.
b) La pediculosis.
c) La psoriasis.
d) El nevus cutáneo.

13. La afección de la piel conocida como "manchas vino de Oporto" se corresponde a:

a) Nevus azul.
b) Angiomas planos.
c) Angiomas cavernosos.
d) Nevus melanocítico congénito o adquirido.

14. ¿Qué es falso del melanoma?

a) Es un tumor maligno de la piel.
b) Se da más frecuentemente en sujetos de piel oscura o morena intensa, sin necesidad de exponerse al sol.
c) Es un melanoma con poca o nada de pigmentación es un factor de mal pronóstico.
d) Es más frecuentes en mujeres.

15. ¿Qué baño es aquel que, aun conservando la movilidad, el paciente no puede levantarse, por lo que él asume su higiene siendo auxiliado en caso necesario por la enfermera?

a) Baño completo en la cama.
b) Baño en la cama.
c) Baño parcial.
d) Baño kinestésico.

16. ¿Qué elementos o materiales necesarios para el aseo del paciente son de lavado?

a) Hule.
b) Manta de baño.
c) Esponjas y guantes.
d) Cuña.

17. El lavado de cabellos del paciente debe realizarse aproximadamente:

a) Todos los días.
b) Cada tres días.
c) Una vez a la semana.
d) Depende de la suciedad que este tenga.

18. ¿Cuál debe ser la temperatura del agua para el baño, si se realiza la técnica del baño completo en la cama?

a) 180 ºC.
b) 22-24 ºC.
c) 30-32 ºC.
d) 37-40 ºC.

19. ¿En qué posición debe colocarse al paciente para llevar a cabo la higiene del cabello?

a) En posición de Trendelenburg.
b) En posición de Roser o Proetz.
c) En posición de Morestín.
d) En posición de Sims.

20. ¿Qué zona de la uña indica la incógnita de la imagen?

a) Placa ungueal.
b) Lúnula.
c) Eponiquio.
d) Cutícula.

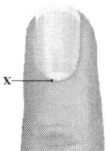

Solución al test n.º 4

1. d) Cartílagos.

2. b) Hipodermis.

3. b) En plantas del pie y palmas de las manos.

4. b) Lúnula.

5. a) Tubérculo.

6. a) Pápula.

7. c) Costra.

8. a) Una pérdida superficial de la epidermis que cura sin cicatriz.

9. a) Acné.

10. b) Herpes simple.

11. c) *Phthirus pubis*.

12. a) La sarna.

13. b) Angiomas planos.

14. b) Se da más frecuentemente en sujetos de piel oscura o morena intensa, sin necesidad de exponerse al sol.

15. b) Baño en la cama.

16. c) Esponjas y guantes.

17. c) Una vez a la semana.

18. d) 37-40 ºC.

19. b) En posición de Roser o Proetz.

20. c) Eponiquio.

TEST N.º 5

Atención del auxiliar de enfermería al paciente encamado: posición anatómica y alineación corporal. Procedimientos de preparación de las camas. Cambios posturales. Drenajes: manipulación y cuidado. Técnicas de deambulación. Técnicas de traslado

1. ¿Qué porción anatómica no forma parte del aparato locomotor?

a) Músculos.
b) Huesos.
c) Articulaciones.
d) Nervios.

2. ¿Qué hueso es corto?

a) Ganchoso.
b) Peroné.
c) Tibia.
d) Cúbito.

3. ¿Qué hueso es arqueado?

a) Radio.
b) Etmoides.
c) Hioides.
d) Unguis.

4. ¿Qué eje predomina en los huesos largos?

a) El eje longitudinal.
b) El eje transversal.
c) El eje sagital.
d) El eje horizontal.

5. ¿De qué tipo de tejido básico es variante el tejido óseo?

a) De tejido fibroso.
b) De tejido conjuntivo.
c) De tejido nervioso.
d) De tejido epitelial.

6. Los cambios posturales del enfermo encamado para prevenir la aparición de úlceras se efectuarán cada:

a) 2-3 horas.
b) 4-5 horas.
c) 6-8 horas.
d) 12 horas.

7. ¿Qué posición es de mucha utilidad en las embarazadas para evitar el "síndrome de hipotensión en decúbito supino" que se produce como consecuencia de la compresión del útero sobre la vena cava inferior?

a) Decúbito dorsal.
b) Decúbito lateral izquierdo o derecho.
c) Decúbito prono.
d) Decúbito ventral.

8. ¿Qué ángulo forma el paciente que se encuentra en la posición de Fowler semisentado, con la cabecera levantada y piernas ligeramente flexionadas?

a) 15º.
b) 30º.
c) 45º.
d) 60º.

9. La posición de seguridad, en la que se coloca a los enfermos inconscientes para facilitarles la eliminación de las secreciones y evitarles la broncoaspiración es:

a) La posición de Sims.
b) La posición de decúbito supino.
c) La posición de Fowler.
d) La posición de Trendelenburg.

10. ¿Qué posición es la de la imagen?

a) Posición de Trendelenburg.
b) Posición de Morestin.
c) Posición de Roser.
d) Posición de Fowler.

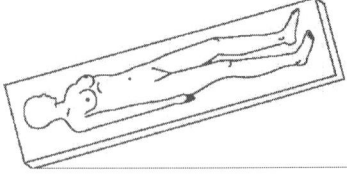

11. ¿Cuál de estos elementos es el primero en el orden de lencería?

a) Hule.
b) Entremetida.
c) Manta.
d) Colcha.

12. ¿Qué número de TCAE es recomendable para la técnica de hacer la cama ocupada?

a) Ninguno, ya que se encarga el celador.
b) Uno.
c) Dos.
d) Tres.

13. ¿Qué elementos de estos no puede haber en una cama quirúrgica?

a) Hule o protector.
b) Entremetida.
c) Colchón.
d) Almohada.

14. ¿Cómo se puede abrir la cama quirúrgica, una vez que se lleva a cabo una especie de embozo o dobladillo a los pies de la misma, para la recepción del enfermo?

a) En triángulo o pico.
b) En derrape o arrastre.
c) En tracción anterior.
d) Son ciertas las respuestas a) y c).

15. Para realizar una valoración funcional de las actividades básicas de la vida diaria utilizamos la escala de:

a) Hamilton.
b) Foster.
c) Pfeiffer.
d) Barthel.

16. ¿Qué indicaciones son las más frecuentes de las muletas de aluminio?

a) Esguinces.
b) Enfermos tetrapléjicos.
c) Enfermos parapléjicos.
d) Son ciertas las respuestas b) y c).

17. ¿Cuál de estas ayudas es autoestable?

a) Pasamanos.
b) Barras paralelas.
c) Bastones multipodales.
d) Ninguna de las anteriores.

18. ¿Qué define la OMS como la consecuencia de cualquier acontecimiento que precipita al paciente al suelo en contra de su voluntad?

a) Traumatismo.
b) Suicidio.
c) Caída.
d) Accidente.

19. ¿Cómo se denominan los factores de riesgo de caídas que están relacionados con las condiciones generales del propio individuo?

a) Constitucionales.
b) Extrínsecos.
c) Intrínsecos.
d) Precipitantes.

20. ¿Qué es lo primero que hay que hacer ante la realidad de que la caída se ha producido?

a) Evaluación de la misma.
b) Intervenir modificando los elementos desencadenantes.
c) Intervenir modificando los elementos precipitantes.
d) Realizar un croquis de las circunstancias.

En MADTEST tienes **más preguntas de este tema**, y todos tus avances quedan registrados y se reflejan en el ranking.

¡Supera tus límites con MADTEST!

Solución al test n.º 5

1. d) Nervios.

2. a) Ganchoso.

3. c) Hioides.

4. a) El eje longitudinal.

5. b) De tejido conjuntivo.

6. a) 2-3 horas.

7. b) Decúbito lateral izquierdo o derecho.

8. c) 45º.

9. a) La posición de Sims.

10. a) Posición de Trendelenburg.

11. a) Hule.

12. c) Dos.

13. d) Almohada.

14. a) En triángulo o pico.

15. d) Barthel.

16. a) Esguinces.

17. c) Bastones multipodales.

18. c) Caída.

19. c) Intrínsecos.

20. a) Evaluación de la misma.

TEST N.º 6

Atención del auxiliar de enfermería en la preparación del paciente para la exploración: posiciones anatómicas y materiales médico-quirúrgicos de utilización más común. Atención preoperatoria y postoperatoria

1. La presión arterial se mide en:

a) mm de Ag.
b) Bares.
c) Pascal.
d) mm de Hg.

2. ¿Qué aparato emplea ultrasonidos como medio de exploración médica instrumental?

a) Ecografía.
b) RNM.
c) Espirometría.
d) Radiografía simple.

3. ¿Qué tiempo de ayuno generalmente se emplea antes de la exploración para un TAC craneal?

a) No hay tiempo de ayuno.
b) Cuatro horas.
c) Doce horas.
d) Veinticuatro horas.

4. ¿Qué prueba o exploración permite valorar el grado de acidez-alcalinidad de las secreciones gástricas?

a) Enema opaco.
b) Gastroscopia.
c) pH-metría.
d) Prueba de ureasa.

5. La endoscopia convencional realizada por vía anal que permite la visualización del colon y resto de intestino grueso se denomina:

a) Colposcopia.
b) Gastroscopia.
c) Laparoscopia.
d) Colonoscopia.

6. ¿Cómo se denomina la exploración radiológica con contraste de vejiga urinaria?

a) Pielografía.
b) Cistografía retrógrada.
c) Urografía.
d) Uretrografía.

7. ¿En qué exploración instrumental de estas se utiliza el diapasón mediante la transmisión del sonido por vía ósea?

a) Prueba de Ranvier.
b) Prueba de Weber.
c) Prueba de Rinnie.
d) Prueba de Strauss.

8. ¿Cuál es el personal sanitario responsable de preparar todo lo necesario para una exploración médica?

a) El médico.
b) El enfermero.
c) El TCAE.
d) El celador.

9. ¿En qué zona de estas de la región lumbar no se suele introducir una aguja para la punción lumbar?

a) En la 2.ª vértebra lumbar.
b) En la 3.ª vértebra lumbar.
c) En la 4.ª vértebra lumbar.
d) En la 5.ª vértebra lumbar.

10. ¿En qué posición generalmente se colocará al paciente para la realización de una punción de médula ósea?

a) En posición de litotomía.
b) En posición de decúbito lateral.

c) En posición de decúbito supino.
d) En posición de Sims.

11. Una intervención de tipo paliativo es aquella:

a) Que fortalece las zonas debilitadas, o pretende volver a unir zonas anatómicas que se encuentran separadas o tiene por objeto corregir deformidades.
b) Que alivia los síntomas de un determinado proceso, sin curar la enfermedad.
c) Que se utiliza para determinar la causa de los síntomas.
d) Que busca mejorar el aspecto físico.

12. ¿Qué función poseerá la intervención quirúrgica que persiga determinar la causa o causas de los síntomas de un proceso morboso?

a) Intervención ablativa.
b) Intervención paliativa.
c) Intervención reparadora.
d) Intervención diagnóstica.

13. ¿Cómo se denomina al período de tiempo que transcurre desde que un paciente va a ser intervenido hasta que es dado de alta en el hospital?

a) Período preoperatorio.
b) Período transoperatorio.
c) Período perioperatorio.
d) Período posoperatorio.

14. ¿Cuál de estas personas con un grupo sanguíneo concreto consideras que es donante universal?

a) Aquella con O^+.
b) Aquella con AB^+.
c) Aquella con O^-.
d) Aquella con B^-.

15. ¿Qué modalidad de sangre se preparará para transfundir a un paciente si la necesitase, en caso de urgencia y sin previa averiguación analítica de su grupo sanguíneo?

a) Del grupo sanguíneo AB (+).
b) Del grupo sanguíneo 0 (-).
c) Del grupo sanguíneo 0 (+).
d) Son ciertas las respuestas b) y c).

16. ¿Qué intervención por el área quirúrgica o campo de intervención se corresponde con la de la imagen?

a) Cirugía perineal.
b) Cirugía abdominal.
c) Cirugía hernia inguinal.
d) Cirugía de bajo vientre.

17. La premedicación se suele administrar habitualmente al paciente antes de la cirugía:

a) 15 a 20 minutos.
b) 25 a 40 minutos.
c) 45 a 75 minutos.
d) 95 a 120 minutos.

18. ¿Qué es falso del bloque quirúrgico?

a) En él trabaja tanto personal sanitario como no sanitario.
b) Suele situarse en una zona del hospital tumultuosa y con tránsito de personas, aunque mal comunicada con el resto de las unidades, para que a ella lleguen nadie más que los interesados.
c) Posee un conjunto de instalaciones acondicionadas y equipadas para poder realizar en ellas las intervenciones quirúrgicas con las mayores garantías.
d) Está funcional y físicamente diferenciado del resto del hospital.

19. Los almacenes para guardar el material quirúrgico, aparatos, sueros, camillas, farmacia en general, etc., existentes en el bloque quirúrgico pertenecen al área:

a) De intercambio.
b) Estéril.
c) Sucia.
d) Limpia.

20. ¿Cómo se denomina la zona del bloque quirúrgico donde se requiere de uniforme quirúrgico, calzas o zuecos quirúrgicos, gorro, y uso de mascarilla obligatorio?

a) Zona sin limitación de acceso.
b) Zona semilimitada.
c) Zona limitada.
d) Zona prohibida.

En MADTEST tienes **más preguntas de este tema**, y todos tus avances quedan registrados y se reflejan en el ranking.

¡Supera tus límites con MADTEST!

Solución al test n.º 6

1. d) mm de Hg.

2. a) Ecografía.

3. b) Cuatro horas.

4. c) pH-metría.

5. d) Colonoscopia.

6. b) Cistografía retrógrada.

7. b) Prueba de Weber.

8. c) El TCAE.

9. a) En la 2.ª vértebra lumbar.

10. c) En posición de decúbito supino.

11. b) Que alivia los síntomas de un determinado proceso, sin curar la enfermedad.

12. d) Intervención diagnóstica.

13. c) Período perioperatorio.

14. c) Aquella con O⁻.

15. b) Del grupo sanguíneo 0 (-).

16. b) Cirugía abdominal.

17. c) 45 a 75 minutos.

18. b) Suele situarse en una zona del hospital tumultuosa y con tránsito de personas, aunque mal comunicada con el resto de las unidades, para que a ella lleguen nadie más que los interesados.

19. a) De intercambio.

20. c) Zona limitada.

TEST N.º 7

Principios anatomofisiológicos del aparato cardiovascular y respiratorio. Constantes vitales: concepto. Procedimiento de toma de constantes vitales. Gráficas y balance hídrico

1. El paso de agua desde el compartimento vascular al compartimento tisular da lugar a la formación del líquido:

a) Intravascular.
b) Intersticial.
c) Intracelular.
d) Plasmático.

2. ¿En qué cavidad más específicamente está el corazón?

a) Cavidad pleural.
b) Cavidad cardíaca.
c) Cavidad mediastínica.
d) Cavidad pleurocardíaca.

3. ¿Cuántas cavidades posee el corazón?

a) 3.
b) 4.
c) 5.
d) 6.

4. ¿Qué afirmación es incorrecta a nivel anatómico?

a) La aurícula derecha se comunica con el ventrículo derecho.
b) La aurícula izquierda se comunica con el ventrículo izquierdo.
c) El ventrículo derecho se comunica con el ventrículo izquierdo.
d) El ventrículo izquierdo se comunica con la aorta.

5. El seno coronario recoge sangre de:

a) Las arterias coronarias.
b) Las venas coronarias.
c) La cava superior.
d) La carótida común.

6. ¿Qué tipo de epitelio posee la capa mucosa que tapiza las fosas nasales?

a) Cúbico.
b) Plano.
c) Cilíndrico ciliado.
d) Cilíndrico sin cilios.

7. ¿Cuánto mide aproximadamente la faringe en cm?

a) 4.
b) 8.
c) 12.
d) 2.

8. ¿Dónde está la epiglotis?

a) En la faringe.
b) En la laringe.
c) En la tráquea.
d) En el esófago.

9. ¿Cómo se denominan las estructuras tubulares bronquiales que no poseen anillos cartilaginosos?

a) Bronquios principales.
b) Bronquios primarios.
c) Bronquiolos.
d) Bronquios secundarios.

10. ¿Cómo se denominan las estructuras bronquiales extrapulmonares?

a) Bronquios principales.
b) Bronquios terciarios.
c) Bronquiolos.
d) Bronquios secundarios.

11. ¿En la toma de qué constante vital no hay que avisar al enfermo acerca de lo que se le va a hacer?

a) Temperatura.
b) Pulso.
c) Respiración.
d) Tensión arterial.

12. ¿Qué afirmación es incorrecta de las acciones a seguir por el TCAE, cuando se observa alguna cuestión fuera de lo normal en la toma de constantes vitales?

a) Nunca debe dejar registrado su nombre en la hoja de incidencias de enfermería pero siempre el del paciente.
b) Debe dejar constancia por escrito en la hoja de incidencias de enfermería de todo aquello que sea considerado como fuera de lo normal.
c) Debe informar objetivamente al enfermero/a responsable del paciente de todo aquello que sea considerado como fuera de lo normal.
d) Debe dejar por escrito en la hoja de incidencias de enfermería la hora a la que se ha realizado la observación y el día que ha ocurrido, así como cuál ha sido su actuación ante aquello considerado como fuera de lo normal.

13. En el área de pediatría y urgencias en hospitales se está implantando el termómetro de:

a) Columna de mercurio.
b) Columna de galio.
c) Cristal de mercurio.
d) Sensor timpánico.

14. La temperatura bucal se puede tomar en:

a) Niños menores de 6 años.
b) Pacientes en coma.
c) Pacientes con agitación psicomotriz.
d) Niños mayores de 6 años.

15. Existe taquicardia por encima de:

a) 75 pulsaciones/minuto.
b) 85 pulsaciones/minuto.
c) 95 pulsaciones/minuto.
d) 100 pulsaciones/minuto.

16. ¿Cómo se denomina aquel pulso que se percibe con facilidad y que produce gran amplitud en el vaso que se palpa?

a) Fuerte.
b) Pleno.
c) Rebotante.
d) Filiforme.

17. El pulso central o apical se toma:

a) En la punta del corazón.
b) En la zona central del muslo.
c) En el cuello (es sinónimo del yugular).
d) En la zona central del brazo.

18. ¿Cuál de estas consideras una razón sustancial y etiopatogénica para tomar el pulso?

a) Para valorar la frecuencia, el ritmo, el volumen y la tensión del pulso, que pueden reflejar un problema general.
b) Para identificar a un sujeto.
c) Para valorar el estado de salud del sujeto.
d) Para conocer la edad del individuo.

19. ¿Cuál de estas es considerada una posición adecuada para tomar el pulso?

a) Posición de bipedestación.
b) Posición de sentado.
c) Posición de decúbito prono.
d) Son válidas las respuestas a) y b).

20. La ausencia de respiración se denomina:

a) Apnea.
b) Hipernea.
c) Ortopnea.
d) Ripnea.

En MADTEST tienes **más preguntas de este tema**, y todos tus avances quedan registrados y se reflejan en el ranking.

¡Supera tus límites con MADTEST!

Solución al test n.º 7

1. b) Intersticial.

2. c) Cavidad mediastínica.

3. b) 4.

4. c) El ventrículo derecho se comunica con el ventrículo izquierdo.

5. b) Las venas coronarias.

6. c) Cilíndrico ciliado.

7. c) 12.

8. b) En la laringe.

9. c) Bronquiolos.

10. a) Bronquios principales.

11. c) Respiración.

12. a) Nunca debe dejar registrado su nombre en la hoja de incidencias de enfermería pero siempre el del paciente.

13. d) Sensor timpánico.

14. d) Niños mayores de 6 años.

15. d) 100 pulsaciones/minuto.

16. b) Pleno.

17. a) En la punta del corazón.

18. a) Para valorar la frecuencia, el ritmo, el volumen y la tensión del pulso, que pueden reflejar un problema general.

19. b) Posición de sentado.

20. a) Apnea.

TEST N.º 8

Atención del auxiliar de enfermería en las necesidades de eliminación: generalidades. Recogida de muestras: tipos, manipulación, características y alteraciones. Sondajes, osteomías, enemas: tipos, manipulación y cuidados

1. El páncreas:

a) Se aloja entre el duodeno y el bazo.
b) Es una glándula exocrina.
c) Es una glándula endocrina.
d) Todas son correctas.

2. El hígado:

a) Es una glándula anexa al aparato digestivo.
b) Interviene en el metabolismo de los principios inmediatos.
c) Es productor de la bilis que ayuda al proceso de la digestión y absorción de los alimentos ingeridos.
d) Todas son correctas.

3. ¿Cuál de las funciones que se nombran no es propia del hígado?

a) Limpieza y destrucción de células circulantes envejecidas o deterioradas.
b) Participar en el metabolismo general del organismo.
c) Transformar azúcares en grasas.
d) Producción de enzimas digestivas.

4. Una de las afirmaciones que se hacen seguidamente es falsa. ¿Cuál?

a) Las glándulas parótidas son dos que están situadas debajo del conducto auditivo externo.
b) La glándula submaxilar es única y está situada en la parte posterior del suelo de la boca.
c) La orofaringe es común al aparato digestivo y respiratorio.
d) La saliva no interviene en la digestión de los alimentos.

5. ¿Cuál de las siguientes enzimas podemos encontrar normalmente en la saliva?

a) Pepsinógeno.
b) Gastrina.
c) Amilasa.
d) Pepsina.

6. La alteración de la mucosa gástrica, que provoca una pérdida de continuidad y erosiones, se denomina:

a) Gastritis.
b) Úlcera péptica.
c) Esofagitis.
d) Colitis.

7. La colitis ulcerosa y la enfermedad de Crohn se diferencian en:

a) El tipo de causas que las producen.
b) Las complicaciones que aparecen.
c) Localización y tipo de lesiones.
d) Ninguna es correcta.

8. Los síntomas y signos de la colitis ulcerosa son:

a) Diarrea.
b) Estreñimiento.
c) Fiebre ondulante.
d) Constipación.

9. La Hepatitis B se denomina también:

a) Hepatitis postransfusional.
b) Hepatitis delta.
c) Hepatitis entérica.
d) Hepatitis sérica.

10. La Hepatitis A se transmite por vía:

a) Oral-fecal.
b) Perinatal.
c) Parenteral.
d) Sexual.

11. Con respecto a la Hepatitis C, es cierto que:

a) Se transmite por pinchazo de aguja, transfusión de sangre y administración intravenosa de fármacos.
b) A menudo progresa a hepatitis crónica, cirrosis y muerte.

c) Muchos casos de Hepatitis C son asintomáticos.

d) Las opciones a) y b) son correctas.

12. Al inspeccionar las heces de un paciente diagnosticado de obstrucción biliar sin ninguna otra complicación podemos encontrar:

a) Unas heces negras.

b) Unas heces pálidas.

c) Unas heces blancas.

d) Unas heces verdes.

13. Unas heces pálidas pueden indicar:

a) Dieta pobre en carnes.

b) Infección intestinal.

c) Obstrucción biliar.

d) Situación normal.

14. Unas heces negras pueden deberse a:

a) Dieta pobre en carnes.

b) Infección intestinal.

c) Sangrado del tracto superior gastrointestinal.

d) Sangrado del tracto inferior gastrointestinal.

15. Para realizar un sondaje nasogástrico, se precisa:

a) Guantes.

b) Lubricante.

c) Batea.

d) Todos.

16. ¿Qué tipo de sonda es la más utilizada en un sondaje nasogástrico?

a) Sonda de Foucher.

b) Sonda de Salem.

c) Sonda de Cantor.

d) Sonda de Levin.

17. ¿En qué caso está contraindicado la realización de un enema de limpieza a un paciente encamado?

a) Obstrucción intestinal.

b) Asma.

c) Antes de cirugía abdominal.

d) Estreñimiento.

18. La lavativa de Harris es un tipo de enema:

a) Para expulsar gases.
b) Para matar o inactivar microorganismos.
c) Para incorporar gran cantidad de líquido en el recto.
d) Para destruir lombrices intestinales.

19. El enema oleoso o moliente se utiliza para:

a) Incorporar líquido en el recto.
b) Lubricar y proteger la mucosa.
c) Administrar medicamentos sedantes.
d) Alimentar el organismo.

20. La lavativa de Harris es un enema:

a) Carminativo.
b) Antiséptico.
c) Gota a gota.
d) Alimenticio.

En MADTEST tienes **más preguntas de este tema**, y todos tus avances quedan registrados y se reflejan en el ranking.

¡Supera tus límites con MADTEST!

Solución al test n.º 8

1. d) Todas son correctas.

2. d) Todas son correctas.

3. d) Producción de enzimas digestivas.

4. d) La saliva no interviene en la digestión de los alimentos.

5. c) Amilasa.

6. b) Úlcera péptica.

7. c) Localización y tipo de lesiones.

8. a) Diarrea.

9. d) Hepatitis sérica.

10. a) Oral-fecal.

11. d) Las opciones a) y b) son correctas.

12. c) Unas heces blancas.

13. a) Dieta pobre en carnes.

14. c) Sangrado del tracto superior gastrointestinal.

15. d) Todos.

16. d) Sonda de Levin.

17. a) Obstrucción intestinal.

18. a) Para expulsar gases.

19. b) Lubricar y proteger la mucosa.

20. a) Carminativo.

TEST N.º 9

Procedimientos de recogida y transporte de muestras biológicas. Gestión de residuos sanitarios: clasificación, transporte, eliminación y tratamiento

1. ¿Qué tipo de envase se emplea para recoger la muestra resultante de una punción capilar?

a) Frascos de boca estrecha.
b) Hisopos.
c) Frascos de llenado por vacío.
d) Microtubos.

2. ¿Qué procedimiento de toma de muestra se emplea más habitualmente cuando estas se llevan a cabo tanto en orificios naturales como en heridas?

a) Mediante frasco de boca ancha.
b) Mediante hisopo.
c) Mediante bolsa de recogida de orina o análogo.
d) Mediante frasco de boca estrecha.

3. ¿Qué medio evita la desecación y muerte de los microorganismos recogidos con un hisopo estéril?

a) El medio de Schwann.
b) El medio de Petri.
c) El medio de Stuart.
d) El medio de Lindor.

4. ¿Qué se puede hacer para evitar una excesiva proliferación bacteriana en una toma de muestra y que así no se altere sustancialmente su resultado analítico?

a) Realizarla con premura, ya que no admite demora.
b) Refrigerando la muestra en los casos necesarios.
c) No se suele hacer nada en particular.
d) Son ciertas las respuestas a) y b).

5. ¿Qué se debe identificar y comprobar antes de los procedimientos de toma de muestra?

a) Usuario al que se le van a realizar los procedimientos.
b) Impresos y protocolos de petición analítica.
c) Requerimientos y preparación previa del paciente.
d) Todo lo anterior.

6. En la fase preanalítica de la muestra de sangre, se da hemodilución si coexiste:

a) Hipovolemia y oligosistemia.
b) Hipovolemia e hipersistemia.
c) Hipervolemia y oligosistemia.
d) Hipervolemia e hipersistemia.

7. Generalmente un hemocultivo se acompaña de:

a) Urocultivo.
b) Coprocultivo.
c) Antibiograma.
d) Todo lo anterior.

8 ¿Qué aditivos poseen las muestras biológicas sanguíneas en las que el tubo posee tapón azul?

a) Gel.
b) Citrato de sodio.
c) Oxalato potásico.
d) ACD.

9. El personal que realiza la técnica de extracción de sangre venosa es:

a) El facultativo.
b) El hematólogo.
c) El diplomado de enfermería.
d) El auxiliar de enfermería.

10. ¿Qué anticoagulante se emplea más habitualmente en los útiles y frascos empleados para las tomas de muestras sanguíneas, esencialmente empleadas en gasometría arterial?

a) Heparina.
b) Penicilina.
c) Metotrexate.
d) Clorhídrico.

11. ¿A qué puede deberse la presencia de una orina de coloración negra o marrón oscura en una muestra?

a) A sangre oculta.
b) A metahemoglobina o melanina o enfermo alcaptonúrico.
c) A carboxihemoglobina o melatonina o enfermo de patología de Harnup.
d) A oxihemoglobina o melatonina.

12. ¿Cómo se denomina el estudio microbiológico de heces mediante cultivo?

a) Hemocultivo.
b) Urocultivo.
c) Coprocultivo.
d) Cultivo de Hiss.

13. ¿Qué no debe tomarse o comer durante días previos a un estudio de sangre oculta en heces para realizar adecuadamente el procedimiento de toma de muestra de la misma?

a) Aspirina.
b) Alimentos picantes.
c) Tomates y rábanos.
d) No debe tomarse nada de lo anterior.

14. Respecto a la toma de muestra de esputos todo lo que se expone es cierto, excepto que:

a) Se puede evitar la contaminación de la muestra recomendando al enfermo que se lave la boca con solución salina o agua templada antes de proceder a la recogida.
b) Se puede evitar la contaminación de la muestra tomando antiséptico justo antes de la toma de muestra.
c) La toma de muestra posee gran facilidad de contaminación por la flora orofaríngea.
d) Si es difícil conseguir que el enfermo expectore, se le puede ayudar colocándole en la posición más adecuada para el drenaje.

15. ¿Qué forma es la más correcta de obtener la muestra en heridas con exudados y pus, para su posterior estudio?

a) Mediante gasas hipoalérgicas.
b) Mediante parches adhesivos.
c) Mediante aspirado con aguja y jeringa.
d) Mediante escopia cutánea.

16. ¿En qué circunstancias la presión del LCR estará disminuida?

a) Infarto cerebral.
b) Tumor o quiste intracraneal.
c) Deshidratación.
d) Hematoma subdural.

17. ¿Qué procedimiento se llevará a cabo en la toma de muestra de secreciones de senos paranasales?

a) Mediante hisopo.
b) Mediante torunda.
c) Mediante punción del seno.
d) Mediante aspirado transtraqueal.

18. Ante la sospecha en piel de infección por hongo, la toma de muestra se efectuará mediante:

a) Aspiración.
b) Uso de hisopo.
c) Raspado con bisturí o lanceta.
d) Uso de torunda húmeda.

19. ¿Mediante que normativa se regulan las condiciones para la gestión de los Residuos Sanitarios en la Rioja? Mediante...

a) Decreto 51/1993.
b) Real Decreto 833/1988.
c) Real Decreto 975/2009.
d) Ley 20/1986.

20. El fin del decreto de regulación de la gestión de residuos sanitarios en La Rioja es la prevención de los riesgos que dicha gestión genera para:

a) Preservación de los recursos naturales.
b) La Salud Pública.
c) El medio ambiente.
d) Todo lo anterior es cierto.

En MADTEST tienes **más preguntas de este tema**, y todos tus avances quedan registrados y se reflejan en el ranking.

¡Supera tus límites con MADTEST!

Solución al test n.º 9

1. d) Microtubos.

2. b) Mediante hisopo.

3. c) El medio de Stuart.

4. d) Son ciertas las respuestas a) y b).

5. d) Todo lo anterior.

6. c) Hipervolemia y oligosistemia.

7. c) Antibiograma.

8. b) Citrato de sodio.

9. c) El diplomado de enfermería.

10. a) Heparina.

11. b) A metahemoglobina o melanina o enfermo alcaptonúrico.

12. c) Coprocultivo.

13. d) No debe tomarse nada de lo anterior.

14. b) Se puede evitar la contaminación de la muestra tomando antiséptico justo antes de la toma de muestra.

15. c) Mediante aspirado con aguja y jeringa.

16. c) Deshidratación.

17. c) Mediante punción del seno.

18. c) Raspado con bisturí o lanceta.

19. a) Decreto 51/1993.

20. d) Todo lo anterior es cierto.

TEST N.º 10

**Los alimentos: clasificación, higiene y manipulación.
Alimentación del lactante. Dietas terapéuticas: concepto y tipos.
Vías de alimentación enteral y parenteral: concepto y técnicas de
apoyo. Administración de alimentos por sonda nasogástrica**

1. ¿A qué se denomina la forma y manera de proporcionar al organismo los alimentos que le son indispensables?

a) Nutrición.
b) Alimentación.
c) Metabolismo.
d) Asimilación.

2. ¿Cómo se denominan los alimentos que están destinados fundamentalmente a la formación y renovación de los tejidos humanos, tanto en la fase de construcción o crecimiento como en la renovación de tejidos en los adultos?

a) Energéticos.
b) Vitamínicos.
c) Plásticos.
d) Reguladores.

3. ¿Qué alimentos son aquellos cuya composición principal son las proteínas y el calcio?

a) Alimentos reguladores.
b) Alimentos biocatalizadores.
c) Alimentos energéticos.
d) Alimentos plásticos.

4. Las frutas pertenecen en la nueva rueda de alimentos al grupo:

a) VI.
b) V.
c) IV.
d) III.

5. La base de la pirámide de alimentación saludable está compuesta de:

a) Recomendaciones de estilos de vida saludable (equilibrio emocional, actividad física diaria, ingesta adecuada de agua…).
b) Tomar alimentos de la dieta mediterránea.
c) Alimentos de consumo opcional y moderado.
d) Alimentos de consumo variado y diario.

6. La ingesta adecuada de agua diaria está en torno a los:

a) 1,5 litros.
b) 2 litros.
c) 2,5 litros.
d) 3,5 litros.

7. La regla de las tres erres, también conocida como 3R se aplican a la alimentación:

a) Variable.
b) Opcional.
c) Sostenible.
d) Saludable.

8. ¿Quién pone directamente en marcha y desarrolla la estrategia NAOS?

a) La Sociedad Española de Nutrición Comunitaria (SENC).
b) La Agencia Española de Seguridad Alimentaria y Nutrición (AESAN).
c) La Secretaría de Estado de Consejos dietéticos, mediante el programa EDALNU del Ministerio de Sanidad.
d) El Ministerio de Innovación, Desarrollo e Industria.

9. ¿Qué carne de estas consideras con más grasa?

a) La carne de cordero.
b) La carne de ternera.
c) La carne de conejo.
d) La carne de caballo.

10. ¿Cuál es la unidad de energía tradicionalmente empleada en nutrición y que sigue usándose con carácter generalizado?

a) El julio (J).
b) La Caloría grande (Cal).
c) El grado centígrado (ºC).
d) El ergio (erg).

11. Empleando la fórmula de Harris y Benedict del metabolismo basal diremos que un varón de 35 kg de peso, 1,40 m de talla y 11 años de edad, será aproximadamente de:

a) 700.
b) 850.
c) 1100.
d) 2100.

12. ¿Qué factor se estos es el que más influye en la multiplicación de microorganismos?

a) Las calorías de los alimentos.
b) La temperatura del medio.
c) La presión atmosférica.
d) La presencia o no de otros gérmenes.

13. ¿Qué agentes bióticos de los siguientes son mas productores de toxiinfecciones alimentarias?

a) Hongos.
b) Bacterias.
c) Protozoos.
d) Parásitos.

14. ¿Cuál es la fuente más importante de contaminación de intoxicaciones químicas de origen alimentario de forma directa sobre frutas y verduras que ingerimos, o indirecta tras la ingesta de lo anterior de animales?

a) El estiércol de origen animal.
b) Los mercuriales.
c) Los insecticidas.
d) El riego con agua contaminada.

15. ¿Qué aminoácido es esencial?

a) Prolina.
b) Cisteína.
c) Triptófano.
d) Alanina.

16. ¿Qué principios inmediatos son sustancias energéticas?

a) Grasas.
b) Grasas y proteínas.
c) Azúcares y proteínas.
d) Grasas y azúcares.

17. ¿Cuál de estos nutrientes se considera micronutriente (imprescindibles en pequeñas cantidades)?

a) Vitaminas.
b) Azúcares.
c) Proteínas.
d) Grasas.

18. El retinol es un constituyente de la vitamina:

a) Vitamina A.
b) Vitamina B_2.
c) Vitamina C.
d) Vitamina D.

19. ¿Con qué término se corresponde esta definición: «la técnica y el arte de utilizar los alimentos de la forma adecuada, partiendo del conocimiento profundo del organismo humano y de los alimentos, para proponer y promover formas de alimentación, variada, suficiente y equilibrada»?

a) Dietoterapia.
b) Nutrición.
c) Bromatología.
d) Dietética.

20. Un IMC (índice de Masa Corporal) de 27, según Garrow, estaría en el grado de obesidad:

a) No obesidad.
b) Leve.
c) Moderada.
d) Grave.

En MADTEST tienes **más preguntas de este tema**, y todos tus avances quedan registrados y se reflejan en el ranking.

¡Supera tus límites con MADTEST!

Solución al test n.º 10

1. b) Alimentación.

2. c) Plásticos.

3. d) Alimentos plásticos.

4. a) VI.

5. a) Recomendaciones de estilos de vida saludable (equilibrio emocional, actividad física diaria, ingesta adecuada de agua…).

6. c) 2,5 litros.

7. c) Sostenible.

8. b) La Agencia Española de Seguridad Alimentaria y Nutrición (AESAN).

9. a) La carne de cordero.

10. b) La Caloría grande (Cal).

11. c) 1100.

12. b) La temperatura del medio.

13. b) Bacterias.

14. c) Los insecticidas.

15. c) Triptófano.

16. d) Grasas y azúcares.

17. a) Vitaminas.

18. a) Vitamina A.

19. d) Dietética.

20. b) Leve.

Vías de administración de los medicamentos: oral, rectal y tópica. Precauciones para su administración. Condiciones de almacenamiento y conservación. Caducidades

1. Toda sustancia empleada en la fabricación de un medicamento, ya permanezca inalterada, se modifique o desaparezca en el transcurso del proceso, se llama:

a) Excipiente.
b) Coadyuvante.
c) Materia prima.
d) Principio activo.

2. ¿Cómo se denomina todo medicamento que tenga la misma composición cualitativa y cuantitativa en principios activos y la misma forma farmacéutica, y cuya bioequivalencia con el medicamento de referencia haya sido demostrada por estudios adecuados de biodisponibilidad?

a) Medicamento especial.
b) Medicamento magistral.
c) Medicamento de investigación.
d) Medicamento genérico.

3. ¿Cómo se consideran las «premezclas para piensos medicamentosos» elaboradas para ser incorporadas a un pienso?

a) Medicamentos de uso humano.
b) Medicamentos de uso veterinario.
c) Medicamentos de terapia génica.
d) Medicamentos de origen humano.

4. La farmacodinamia estudia:

a) Los efectos de los fármacos en el organismo.
b) La aplicación de los fármacos en el ser humano con la finalidad de curar o de alterar voluntariamente una función normal.

c) Las reacciones adversas y las enfermedades producidas por los medicamentos.

d) La evolución de un fármaco en el organismo tras su administración por distintas vías, identificando los metabolitos y las modalidades de eliminación.

5. Cuando digo aspirina me estoy refiriendo a:

a) La marca registrada (nombre comercial).
b) Nombre científico.
c) Nombre químico.
d) Nombre genérico.

6. ¿Qué mecanismo de acción de fármacos serán aquellos en los que no intervienen estructuras biológicas especializadas (receptores)?

a) Estocástico.
b) No específico.
c) Específico.
d) Variable.

7. ¿Qué órgano se encarga de la eliminación de los metabolitos?

a) Esófago.
b) Estómago.
c) Hígado.
d) Páncreas.

8. El paso del fármaco de la sangre a los tejidos dependerá de su fijación a:

a) Proteínas plasmáticas.
b) Lípidos serológicos.
c) Glúcidos plasmáticos.
d) ATP circulante.

9. El efecto primario pretendido, es decir, la razón por la cual se prescribe el fármaco, con una dosis mínima eficaz es el efecto:

a) Secundario.
b) Lateral.
c) Terapéutico.
d) Adverso.

10. ¿Qué medicamentos de estos son formas farmacéuticas líquidas?

a) Polvos.
b) Sellos.

c) Emulsiones.
d) Geles.

11. ¿Cuál es la parte de la farmacología que estudia el movimiento de los fárma-cos en el organismo en función del tiempo y la dosis, desde que se administra hasta su eliminación total?

a) Farmacología clínica.
b) Farmacodinamia.
c) Farmacocinética.
d) Farmacognosia.

12. ¿Cómo se denomina el procedimiento que se lleva a cabo con la hoja de trata-miento correspondiente, para asegurarse al mismo tiempo del nombre del pacien-te, número de habitación y cama, medicamento y dosis a administrar, vía y horario?

a) Comprobación de los 5 errores o los 5 correctos.
b) Comprobación de la filiación del enfermo.
c) Comprobación de los 8 errores.
d) Nada de lo anterior es cierto.

13. Todo lo que se expone de la administración de un fármaco por vía oral es cierto, excepto que:

a) Puede y debe administrarse un medicamento preparado por otra persona (si re-quiere lo mismo).
b) No se deben administrar medicamentos en un recipiente mal rotulado.
c) No se debe perder de vista el carrito unidosis o bandeja de medicamentos.
d) Los medicamentos no usados nunca se regresan a los recipientes, se desechan o bien se avisa a farmacia.

14. ¿Qué afirmación es cierta respecto a la administración oftálmica?

a) No deben aplicarse las gotas estando la persona de pie o sentada, solo se pondrá si está en decúbito.
b) Nunca se eliminará el exceso de medicación con una gasa limpia.
c) Se limpiarán los ojos de secreciones con una gasa estéril empapada en una solu-ción irrigante, utilizando una gasa diferente para cada ojo con el fin de no contaminar o extender la infección.
d) No se debe tirar del parpado inferior y sí del superior, para aplicar el medicamento.

15. Los sistemas percutáneos se corresponden con la vía:

a) Tópica.
b) Intratecal.

c) Intraneural.
d) Transdérmica.

16. ¿Qué vía es parenteral directa?

a) Vía subcutánea.
b) Vía intraósea.
c) Vía intraarterial.
d) Son ciertas las respuestas a) y c).

17. ¿Cuál es el motivo por el que se evita la perfusión venosa en las piernas de medicamentos?

a) No existe ningún motivo, y se hace habitualmente en la práctica.
b) Mayor riesgo de infecciones.
c) Mayor riesgo de hemorragias.
d) Mayor riesgo de tromboflebitis.

18. ¿Qué otro nombre recibe la vía subcutánea?

a) Vía transdérmica.
b) Vía intradérmica.
c) Vía hipodérmica.
d) Vía subdérmica.

19. ¿Qué vía de esta es intrarraquídea?

a) Vía intratecal.
b) Vía intraarticular.
c) Vía intraperitoneal.
d) Vía intraótica.

20. Se recomienda y considera, según la OMS, que todos los medicamentos tienen una vigencia máxima, desde su fecha de fabricación, de:

a) 1 año.
b) 3 años.
c) 5 años.
d) 10 años.

En MADTEST tienes **más preguntas de este tema**, y todos tus avances quedan registrados y se reflejan en el ranking.

¡Supera tus límites con MADTEST!

Solución al test n.º 11

1. c) Materia prima.

2. d) Medicamento genérico.

3. b) Medicamentos de uso veterinario.

4. a) Los efectos de los fármacos en el organismo.

5. a) La marca registrada (nombre comercial).

6. b) No específico.

7. c) Hígado.

8. a) Proteínas plasmáticas.

9. c) Terapéutico.

10. c) Emulsiones.

11. c) Farmacocinética.

12. a) Comprobación de los 5 errores o los 5 correctos.

13. a) Puede y debe administrarse un medicamento preparado por otra persona (si requiere lo mismo).

14. c) Se limpiarán los ojos de secreciones con una gasa estéril empapada en una solución irrigante, utilizando una gasa diferente para cada ojo con el fin de no contaminar o extender la infección.

15. d) Transdérmica.

16. c) Vía intraarterial.

17. d) Mayor riesgo de tromboflebitis.

18. c) Vía hipodérmica.

19. a) Vía intratecal.

20. c) 5 años.

TEST N.º 12

Atención del auxiliar de enfermería al paciente con oxigenoterapia: métodos de administración de oxígeno, precauciones y métodos de limpieza del material

1. El oxígeno se administra habitualmente a los enfermos:

a) Mezclado con aire.
b) En estado puro.
c) Humidificado.
d) Las opciones a) y c) son correctas.

2. La oxigenoterapia está indicada en:

a) Insuficiencia respiratoria.
b) Intoxicaciones por gases bloqueantes de la hematosis.
c) Situaciones de asfixia.
d) Todos los casos anteriores.

3. Las balas de oxígeno:

a) Contienen oxígeno a presión superior a 1 atmósfera.
b) Son de diferentes tamaños.
c) Constituyen el sistema más utilizado a la cabecera del paciente en grandes hospitales.
d) Las opciones a) y b) son correctas.

4. El frasco humidificador:

a) Contiene agua destilada.
b) Contiene aire solamente.
c) No es necesario utilizarlo cuando se toma el oxígeno de la Central de Oxígeno.
d) Todas son correctas.

5. Las bombonas o balas de oxígeno utilizadas en oxigenoterapia contiene el gas a:

a) Una presión igual a la atmosférica.
b) Una presión menor a la atmosférica.
c) Una presión mayor a la atmosférica.
d) Una presión mínima.

6. ¿Cuál de los siguientes dispositivos de administración produce la concentración de oxígeno más alta?

a) Mascarilla Venturi.
b) Mascarilla con bolsa de reservorio.
c) Mascarilla de traqueotomía.
d) Mascarilla oronasal de no reinhalación.

7. La tienda de oxígeno se usa:

a) En adultos sobre todo.
b) En niños pequeños.
c) Cuando interesa que quede fuera de la tienda el resto del cuerpo.
d) En todos los casos.

8. Las mascarillas de administración de oxígeno están preparadas para administrar una concentración que puede oscilar entre:

a) 24-50 %.
b) 28-30 %.
c) 30-33 %.
d) 33-36 %.

9. Para evitar accidentes durante la administración de oxígeno hay que tomar, entre otras, algunas medidas importantes. ¿Cuál de ellas considera que no es necesaria?

a) Evitar fumar al lado del paciente.
b) Controlar la temperatura de la habitación.
c) Ajustar el flujo, humedad y concentración de oxígeno a lo que ha prescrito el facultativo.
d) Todas son necesarias.

10. ¿Qué tipo de ventilación mecánica no invasiva posibilita una presión positiva continua en las vías respiratorias sin utilizar un ventilador?

a) BIPAP.
b) CPAP.
c) NIPSV.
d) PEEP.

11. El tamaño del tubo que empleamos en intubación orotraqueal está codificado por números; ¿cuál es el tamaño normal que se utiliza en el varón?

a) 7,5.
b) 8.
c) 8,5.
d) 9.

12. ¿Cuál de los siguientes aparatos es utilizado para la intubación?

a) Oftalmoscopio.
b) Rinoscopio.
c) Laringoscopio.
d) Otoscopio.

13. El drenaje postural:

a) Es la implantación de un catéter en el espacio pleural.
b) Se emplea en pacientes con exceso de volumen circulante.
c) Sólo lo puede realizar el médico especialista.
d) Se utiliza para la eliminación de secreciones traqueobronquiales.

14. Cuando se produce una elevación de la cantidad de dióxido de carbono en la sangre por encima de los valores normales, se denomina:

a) Hipocapnia.
b) Hiperoxia.
c) Hipercapnia.
d) Fiperoxia.

15. ¿Cuál de las siguientes características se corresponde con la acidosis metabólica?

a) Una concentración de bicarbonato baja y un PH bajo.
b) Una concentración de bicarbonato baja y un PH alto.
c) Una concentración de bicarbonato alta y un PH bajo.
d) Una concentración de bicarbonato alta y un PH alto.

16. ¿Cuál de las siguientes características se corresponde con la alcalosis metabólica?

a) Una concentración de bicarbonato baja y un PH bajo.
b) Una concentración de bicarbonato baja y un PH alto.
c) Una concentración de bicarbonato alta y un PH bajo.
d) Una concentración de bicarbonato alta y un PH alto.

17. ¿Cuál es el principal objetivo de la oxigenoterapia?

a) Aumentar la capacidad respiratoria del paciente.
b) La administración de oxígeno para establecer la tasa normal de este en sangre.
c) Prevenir las lesiones producidas por la hipoxia.
d) Todas son correctas.

18. En oxigenoterapia se administra oxígeno:

a) Puro.
b) Enriquecido con agua.
c) Aire enriquecido con oxígeno.
d) Oxígeno con anhídrido carbónico.

19. ¿Cuál de las siguientes características no es propia del oxígeno gaseoso empleado en oxigenoterapia?

a) Inodoro.
b) Altamente inflamable.
c) Incoloro.
d) Todas son características propias del oxígeno.

20. ¿Qué es la hipoxia?

a) La alta concentración de oxígeno.
b) Las alteraciones que se producen por la administración de oxígeno puro.
c) La falta de oxígeno.
d) La disminución de la capacidad respiratoria.

En MADTEST tienes **más preguntas de este tema**, y todos tus avances quedan registrados y se reflejan en el ranking.

¡Supera tus límites con MADTEST!

Solución al test n.º 12

1. d) Las opciones a) y c) son correctas.

2. d) Todos los casos anteriores.

3. d) Las opciones a) y b) son correctas.

4. a) Contiene agua destilada.

5. c) Una presión mayor a la atmosférica.

6. d) Mascarilla oronasal de no reinhalación.

7. b) En niños pequeños.

8. a) 24-50 %.

9. d) Todas son necesarias.

10. b) CPAP.

11. c) 8,5.

12. c) Laringoscopio.

13. d) Se utiliza para la eliminación de secreciones traqueobronquiales.

14. c) Hipercapnia.

15. a) Una concentración de bicarbonato baja y un PH bajo.

16. d) Una concentración de bicarbonato alta y un PH alto.

17. b) La administración de oxígeno para establecer la tasa normal de este en sangre.

18. c) Aire enriquecido con oxígeno.

19. d) Todas son características propias del oxígeno.

20. c) La falta de oxígeno.

TEST N.º 13

Higiene de los centros sanitarios: medidas de prevención de la infección hospitalaria. Normas de seguridad e higiene. Concepto de aislamiento en el hospital: procedimientos de aislamiento y prevención de enfermedades transmisibles

1. La persona con capacidad padecer una enfermedad infecciosa se denomina técnicamente:

a) Portador enfermo.
b) Portador sano o asintomático.
c) Huésped susceptible.
d) Huésped refractario.

2. La Epidemiología de las enfermedades transmisibles estudia los factores que van a relacionar el agente causal con…

a) El portador.
b) El ambiente.
c) El sujeto o huésped susceptible.
d) El reservorio.

3. ¿Cuál de estas afirmaciones no es correcta respecto a los postulados de Koch?

a) Siempre debemos encontrar el microorganismo en la enfermedad.
b) Se debe aislar, pero no se cultiva desde las lesiones.
c) Se reproduce la enfermedad al inocular un cultivo puro a un animal susceptible.
d) El microorganismo debe dar lugar a una respuesta inmune detectable en laboratorio.

4. ¿Cómo se denomina la relación de interacción entre agente causal y huésped cuando existe beneficio para el agente o el huésped, pero sin perjuicio para el otro?

a) Saprofitismo.
b) Simbiosis.
c) Parasitismo.
d) Comensalismo.

5. ¿Cómo se denomina la capacidad del agente etiológico para extenderse?

a) Contagiosidad.
b) Infectividad.
c) Patogenicidad.
d) Virulencia.

6. Generalmente la fuente de la enfermedad transmisible suele ser la misma que:

a) El reservorio.
b) El portador sano.
c) El huésped susceptible.
d) El huésped refractario.

7. El suelo en la cadena epidemiológica se comporta como:

a) Reservorio exclusivamente.
b) Mecanismo de transmisión exclusivamente.
c) Reservorio o mecanismo de transmisión.
d) Huésped refractario o vía de contagio.

8. ¿A qué hace referencia la definición: "Todo ser animado o inanimado, en los que el agente etiológico se reproduce y se perpetúa en un ambiente natural del que depende para su supervivencia"?

a) Reservorio.
b) Fuente de infección.
c) Fuente de contagio.
d) Fuente adicional.

9. ¿Qué es la tasa de prevalencia?

a) Nº de personas portadoras en un período/nº de personas observadas en el período x meses de observación.
b) Nº de casos positivos/personas totales en un período específico.
c) Nº de casos negativos/nº de análisis realizados.
d) Ninguna es correcta.

10. ¿Cuál de estas opciones no es un mecanismo de transmisión indirecta de una enfermedad?

a) Por el aire.
b) Por arañazos.
c) Baños.
d) Artrópodos.

11. Existe reservorio telúrico cuando existe transmisión al hombre por medio de:

a) El suelo.
b) El agua.
c) Fómites.
d) Todo lo anterior es cierto.

12. ¿Cuál es la distancia mínima para que se produzca una transmisión directa de una infección por vía aérea, aunque propiamente no exista contacto directo?

a) 1 metro.
b) 2 metros.
c) 3 metros.
d) 4 metros.

13. ¿Qué vía de transmisión de estas es la más frecuente?

a) Transplacentaria.
b) Por bebida de fuente contaminada o comida contaminada.
c) Por vía aérea.
d) Por vía venérea.

14. ¿Cuál es el último eslabón de la cadena epidemiológica?

a) Huésped susceptible (con capacidad de enfermar).
b) Huésped refractario (sin capacidad de enfermar).
c) Fuente.
d) Vector.

15. ¿Qué afirmación es incorrecta en relación a las infecciones relacionadas con la asistencia sanitaria (IRAS)?

a) Son una causa mayor de mortalidad y de sufrimiento para los pacientes.
b) Son fáciles de tratar, a pesar de estar causadas por bacterias multirresistentes (BMR).
c) Incluyen a la infección nosocomial clásica, más las infecciones adquiridas por pacientes de la comunidad en contacto con la asistencia sanitaria.
d) Generan gran frustración a los profesionales sanitarios e incrementa de forma considerable el gasto económico.

16. ¿Qué Servicio o Unidad de Hospitalización presenta la mayor prevalencia de infecciones hospitalarias?

a) UCI.
b) Rehabilitación.
c) Cardiología.
d) Consultas Externas.

17. ¿Cómo se denomina la infección causada por microorganismos pertenecientes a la propia flora comensal del paciente?

a) Exógena.
b) Ecológica.
c) Endógena.
d) Es imposible que esta se dé.

18. ¿A qué se asocia en mayor porcentaje el origen de las infecciones urinarias de tipo nosocomial? Se asocia a…

a) Heridas durante el esfuerzo de orinar.
b) Contactos directos del personal de enfermería con el paciente.
c) Manipulaciones instrumentales de las vías urinarias (sondaje vesical).
d) Fómites del cuarto de aseo del paciente.

19. ¿Cuál es la principal medida preventiva para evitar las infecciones cruzadas en el hospital?

a) Lavado de mano quirúrgico.
b) Lavado de mano higiénico.
c) Lavado de mano especial.
d) Lavado de mano antiséptico.

20. ¿Qué medida no es preventiva de las infecciones respiratorias de tipo nosocomial?

a) Esterilizar los broncoscopios cada vez que se utilicen.
b) Utilizar tubos endotraqueales estériles y desechables.
c) Realizar traqueotomías con frecuencia.
d) Favorecer los tratamientos posturales y hacer fisioterapia respiratoria, motivando al paciente para que aproveche al máximo su capacidad pulmonar.

En MADTEST tienes **más preguntas de este tema**, y todos tus avances quedan registrados y se reflejan en el ranking.

¡Supera tus límites con MADTEST!

Solución al test n.º 13

1. c) Huésped susceptible.

2. c) El sujeto o huésped susceptible.

3. b) Se debe aislar, pero no se cultiva desde las lesiones.

4. d) Comensalismo.

5. a) Contagiosidad.

6. a) El reservorio.

7. c) Reservorio o mecanismo de transmisión.

8. a) Reservorio.

9. b) Nº de casos positivos/personas totales en un período específico.

10. b) Por arañazos.

11. d) Todo lo anterior es cierto.

12. a) 1 metro.

13. c) Por vía aérea.

14. a) Huésped susceptible (con capacidad de enfermar).

15. b) Son fáciles de tratar, a pesar de estar causadas por bacterias multirresistentes (BMR).

16. a) UCI.

17. c) Endógena.

18. c) Manipulaciones instrumentales de las vías urinarias (sondaje vesical).

19. b) Lavado de mano higiénico.

20. c) Realizar traqueotomías con frecuencia.

Concepto de infección, desinfección, asepsia y antisepsia. Desinfectantes y antisépticos: concepto y mecanismos de acción. Métodos de limpieza y desinfección de material e instrumental sanitario. Cadena epidemiológica de la infección nosocomial. Barreras higiénicas. Consecuencias de las infecciones nosocomiales

1. ¿Qué tipo de agentes utiliza más frecuentemente la asepsia para conseguir matar y eliminar los microorganismos?

a) Agentes mecánicos.
b) Agentes físicos.
c) Agentes biológicos.
d) Agentes químicos.

2. El material estéril:

a) No posee ningún tipo de microorganismo patógeno.
b) No posee gérmenes tipo virus, bacterias y hongos.
c) No posee ningún tipo de microorganismo patógeno, ni microorganismo no patógeno, e incluso ni siquiera sus formas de resistencia.
d) No posee ningún tipo de microorganismo patógeno y no patógeno.

3. ¿Qué termino es sinónimo de antisepsia en la práctica?

a) Descontaminación.
b) Desinfección.
c) Esterilización.
d) Desinfestación.

4. ¿Cómo se denomina al conjunto de técnicas destinadas a la eliminación de los artrópodos?

a) Desinsectación.
b) Desinfección.

c) Esterilización.
d) Desinfestación.

5. ¿Qué insecticidas en la práctica se consideran los más importantes?

a) Asfixiantes.
b) Fumigantes.
c) Repelentes.
d) Por contacto.

6. ¿A qué grupo de insecticidas pertenece el famoso DDT?

a) Asfixiantes.
b) Fumigantes.
c) Repelentes.
d) Por contacto.

7. ¿Dónde incluirías a la aguja de Reverdin en la clasificación del instrumental quirúrgico?

a) En instrumental de Hemostasia.
b) En instrumental de sutura.
c) En instrumental de disección.
d) En instrumental de corte.

8. Dentro de la clasificación de bisturíes entra:

a) Tijeras para suturas.
b) Pinzas de Kelly.
c) Las lancetas.
d) Catgut.

9. Las pinzas utilizadas para hemostasia de menor tamaño son:

a) Pean.
b) Kelly.
c) Kocher.
d) Mosquito.

10. El instrumental quirúrgico de síntesis es el instrumental:

a) De talla o campo.
b) De sutura.

c) De hemostasia.
d) De exposición.

11. ¿Cómo se denomina el instrumental quirúrgico que sirve para que el campo operatorio esté libre y las maniobras del cirujano puedan hacerse con seguridad?

a) Instrumental quirúrgico de disección.
b) Instrumental quirúrgico de exposición.
c) Instrumental quirúrgico de aprehensión.
d) Instrumental quirúrgico de sutura.

12. Las pinzas Duval-Collin son instrumentales quirúrgicos de:

a) Aprehensión.
b) De sutura.
c) De hemostasia.
d) De exposición.

13. ¿Qué es falso de un buen desinfectante?

a) Es aquel que no es tóxico ni corrosivo.
b) Es aquel que es de bajo costo y de olor agradable.
c) Es aquel que posee un espectro reducido de acción.
d) Es aquel que es biodegradable y se puede usar diluido en agua o alcohol.

14. Una esterilización destruye o elimina:

a) Todos los gérmenes patógenos.
b) Todos los gérmenes no patógenos.
c) Las formas de resistencia o esporas.
d) Todo lo anterior.

15. ¿Qué rayos solares son considerados desinfectantes?

a) Los rayos actínicos.
b) Los rayos ultravioletas.
c) Los rayos infrarrojos.
d) Los rayos láser.

16. ¿Cómo se denomina el material sanitario que requiere de asepsia total?

a) Crítico.
b) Semicrítico.

c) No crítico.
d) Desinfectado.

17. Una prótesis de la cabeza femoral la incluirías dentro del material sanitario:

a) Crítico.
b) Semicrítico.
c) No crítico.
d) Desinfectado.

18. ¿Qué elementos de estos es de fijación?

a) Vendas.
b) Hule.
c) Celulosa.
d) Algodón hidrófilo.

19. ¿Cada cuánto se limpia el mobiliario de la habitación del paciente?

a) Se limpia cada día.
b) Se limpia cada tres días.
c) Se limpia una vez a la semana.
d) Se limpia una vez al mes.

20. ¿Cuál es la base de la realización del procedimiento de limpieza-descontaminación?

a) Realizar una observación de cómo están los materiales antes de ser llevados a la central de esterilización.

b) Hacer una limpieza preliminar y no definitiva del material e instrumental antes de ser llevados a la central de esterilización.

c) Efectuar una limpieza de los materiales, de forma que queden completamente limpios para ser llevados así a la central de esterilización.

d) Esencialmente descontaminar con seguridad los materiales antes de ser llevados a la central de esterilización, aunque no estén limpios al 100 %.

En MADTEST tienes **más preguntas de este tema**, y todos tus avances quedan registrados y se reflejan en el ranking.

¡Supera tus límites con MADTEST!

Solución al test n.º 14

1. b) Agentes físicos.

2. c) No posee ningún tipo de microorganismo patógeno, ni microorganismo no patógeno, e incluso ni siquiera sus formas de resistencia.

3. b) Desinfección.

4. a) Desinsectación.

5. d) Por contacto.

6. d) Por contacto.

7. b) En instrumental de sutura.

8. c) Las lancetas.

9. d) Mosquito.

10. b) De sutura.

11. b) Instrumental quirúrgico de exposición.

12. a) Aprehensión.

13. c) Es aquel que posee un espectro reducido de acción.

14. d) Todo lo anterior.

15. b) Los rayos ultravioletas.

16. a) Crítico.

17. a) Crítico.

18. a) Vendas.

19. a) Se limpia cada día.

20. c) Efectuar una limpieza de los materiales, de forma que queden completamente limpios para ser llevados así a la central de esterilización.

TEST N.º 15

**Esterilización: concepto. Métodos de esterilización
según tipos de material. Tipos de controles.
Manipulación y conservación del material estéril**

1. ¿Qué método se emplea para la destrucción de todos los microorganismos y formas de resistencia de los mismos (esporas)?

a) Antisepsia.
b) Desinfección.
c) Esterilización.
d) Fumigación.

2. ¿Cuál de estos mecanismos de acción no se emplea en esterilización?

a) Muerte por calor.
b) Muerte por frío.
c) Muerte por agente químico.
d) Muerte por radiación.

3. ¿Cuál de estas técnicas de esterilización es en "frío"?

a) Mediante autoclave.
b) Mediante horno Pasteur.
c) Mediante flameado.
d) Mediante radiación gamma.

4. ¿Cuál de las siguientes ventajas e inconvenientes del autoclave es falsa?

a) Es un medio de esterilizar barato, sencillo, rápido y eficaz.
b) Es aplicable a una gran gama de materiales.
c) Las altas temperaturas de la técnica desestructura el material.
d) Son correctas todas las respuestas anteriores.

5. ¿Qué procedimiento de esterilización por calor es aquel que consiste en el uso de hornos crematorios para quemar el material de un solo uso y otros contaminados biológicamente?

a) Flameado.
b) Horno Pasteur.
c) Poupinel.
d) Incineración.

6. ¿Qué envoltorio del material a esterilizar es el más utilizado es la estufa Poupinel?

a) Bolsas de vidrio.
b) Bolsas de plomo.
c) Bolsas de aluminio.
d) Bolsas de plástico termorresistente.

7. ¿En cuál de estas técnicas de esterilización no son utilizados los métodos químicos?

a) En óxido de etileno.
b) En glutaraldehído.
c) En formol.
d) En el flameado.

8. ¿Cuánto tiempo debe estar inmerso el material que se va a esterilizar con glutaraldehído al 2 %?

a) 10 minutos.
b) 1 hora.
c) 5 horas.
d) 10 horas.

9. ¿Dónde se sitúa normalmente el Servicio de esterilización en un Hospital?

a) En su planta más alta.
b) En planta baja o sótano.
c) Siempre en la planta 3.ª
d) No importa donde se ubique.

10. ¿Cuál de estos riesgos es general en el servicio de esterilización?

a) Deshidratación por excesivo calor.
b) Caídas y cortes.
c) Quemadura en zona de incineración.
d) Explosión por uso inadecuado de óxido de etileno.

11. ¿Mediante qué procedimiento hoy día en los autoclaves modernos se comprueban las condiciones físicas de los aparatos?

a) Mediante impresión de los registros o gráfico directo de los registros de presión, tiempo y temperatura.
b) Mediante sensor térmico.
c) Mediante sensor de presión.
d) Mediante sensor de variables.

12. ¿Cuál de estos métodos de control no corresponde a controles físicos?

a) Los termómetros.
b) Los manómetros.
c) Los tubos testigos.
d) Los medidores de humedad.

13. ¿Dónde se colocan los indicadores colorimétricos como medio de control químico esencialmente térmico que comprueban si la esterilización ha funcionado?

a) Se colocan dentro del paquete a esterilizar y en zonas del interior del autoclave de difícil acceso.
b) Se colocan en el exterior en forma de cinta autoadhesiva y en zonas del interior del autoclave de difícil acceso.
c) Se colocan en el exterior en forma de cinta autoadhesiva y dentro del paquete.
d) Se colocan en el exterior en forma de cinta autoadhesiva, dentro del paquete y en zonas del interior del autoclave de difícil acceso.

14. ¿Qué técnicas de medio de control químico (testigo) se realizan en esterilización?

a) Técnicas azufradas.
b) Técnicas colorimétricas.
c) Técnicas olorimétricas.
d) Las respuestas a) y c) son correctas.

15. ¿De qué depende el período que dura una esterilización?

a) Depende del tipo de control biológico realizado y del tipo de envoltorio empleado.
b) Depende del tipo de envoltorio utilizado y del medio de transporte empleado.
c) Depende del tipo de envoltorio utilizado, de las condiciones de almacenamiento, del tipo de material, y del transporte empleado, entre otros.
d) Depende del tipo de control físico, químico y biológico realizado.

16. ¿Qué se emplea para el transporte del material esterilizado si es voluminoso?

a) Se utilizan grúas especiales.
b) Se utilizan carretillas abiertas.

c) Se utilizan bolsas de plástico cerradas.
d) Se utilizan carros herméticos.

17. El material esterilizado que se vaya a almacenar en las plantas debe ser utilizado en:

a) 6-12 horas.
b) 24-48 horas.
c) 48-72 horas.
d) 72-96 horas.

18. ¿Cuál es el tiempo de caducidad del material esterilizado dentro de las bolsas o papel mixto envasado doble y empleado para autoclaves?

a) De 3 meses.
b) De 6 meses.
c) De 9 meses.
d) De 12 meses.

19. ¿Cuál es el tiempo de caducidad del material esterilizado en las condiciones de triple barrera?

a) 1 mes.
b) 2 meses.
c) 3 meses.
d) 6 meses.

20. ¿Cuál es el tiempo de caducidad del material esterilizado dentro de los contenedores con protección de filtro?

a) 1 mes.
b) 2 meses.
c) 3 meses.
d) 6 meses.

En MADTEST tienes **más preguntas de este tema**, y todos tus avances quedan registrados y se reflejan en el ranking.

¡Supera tus límites con MADTEST!

Solución al test n.º 15

1. c) Esterilización.

2. b) Muerte por frío.

3. d) Mediante radiación gamma.

4. d) Son correctas todas las respuestas anteriores.

5. d) Incineración.

6. c) Bolsas de aluminio.

7. d) En el flameado.

8. d) 10 horas.

9. b) En planta baja o sótano.

10. b) Caídas y cortes.

11. a) Mediante impresión de los registros o gráfico directo de los registros de presión, tiempo y temperatura.

12. c) Los tubos testigos.

13. d) Se colocan en el exterior en forma de cinta autoadhesiva, dentro del paquete y en zonas del interior del autoclave de difícil acceso.

14. b) Técnicas colorimétricas.

15. c) Depende del tipo de envoltorio utilizado, de las condiciones de almacenamiento, del tipo de material, y del transporte empleado, entre otros.

16. d) Se utilizan carros herméticos.

17. b) 24-48 horas.

18. d) De 12 meses.

19. c) 3 meses.

20. d) 6 meses.

TEST N.º 16

Atención del auxiliar de enfermería al enfermo terminal. Apoyo al cuidador principal y familia. Cuidados postmortem

1. ¿Qué aspecto de estos es clave que se dé en cuidados paliativos, siempre que sea posible?

a) La atención hospitalaria.
b) La atención en centro de salud habitual.
c) La atención en centro de salud especializado.
d) La atención domiciliaria.

2. Respecto a los cuidados paliativos no es cierto que:

a) Mejoran la calidad de vida de los pacientes y de sus familias.
b) Alivian el dolor y otros síntomas.
c) Aceleran la muerte.
d) Afirman la vida, y consideran la muerte como un proceso normal.

3. ¿Qué pronóstico (en meses) de vida es el promedio general en pacientes terminales?

a) Está limitado a 2 meses (± 1).
b) Está limitado a 3 meses (± 2).
c) Está limitado a 6 meses (± 3).
d) Está limitado a 9 meses (± 3).

4. ¿Qué principio básico, según Beauchamp y Childress, se sintetiza con la expresión latina *primum non nocere*?

a) Justicia.
b) No maleficencia.
c) Autonomía.
d) Beneficencia.

5. ¿En qué tipo de actuaciones se basan los cuidados paliativos?

a) Eutanasia.
b) Eugenesia.
c) Distanasia.
d) Ortotanasia.

6. A toda acción que pretende terminar con la vida del enfermo para acabar con el sufrimiento se le denomina:

a) Eutanasia.
b) Distanasia.
c) Eugenesia.
d) Ortotanasia.

7. ¿Cuál de estos derechos que se nombran a continuación, de las personas adultas en situación terminal, no consideras que sea tal?

a) Derecho a recibir atención médica y soporte personal.
b) Derecho a la autodeterminación y a rechazar un tratamiento.
c) Derecho a participar en la toma de decisiones relativas a las pruebas complementarias, aunque no en el tratamiento.
d) Derecho a ser tratados con la mayor dignidad y a ver su dolor aliviado.

8. Respecto al reposo y al sueño del enfermo terminal es cierto que:

a) Son infrecuentes las irregularidades en el patrón del sueño.
b) No se deben dar hipnóticos para el sueño, aunque se prescriban por el facultativo.
c) Hay que evitar que se sienta solo, y esto lo relaja y disminuye su estrés, favoreciendo que no se den las irregularidades del sueño.
d) La causa del insomnio siempre es psicológica.

9. ¿Qué consejo en la alimentación en cuidados paliativos es incorrecto?

a) No presionar o agobiar al paciente con la comida, intentando adaptarse al "gusto" del paciente.
b) Presentar la comida de forma atractiva (la comida entra por los ojos).
c) Fraccionar la dieta en seis o siete tomas al día (más veces, menos cantidad), evitando alimentos flatulentos, muy condimentados, o/y con olores intensos.
d) Hay que obligar a comer a los pacientes, la falta de comida constituye una ded las causas de empeoramiento.

10. ¿Qué virus es el que más frecuentemente aparece en la boca de los enfermos que están recibiendo quimioterapia?

a) Cándida.
b) Virus de Epstein-Barr.

c) Citomegalovirus.
d) Herpes simple.

11. ¿Qué aspecto no posee el dolor agudo que sí lo posee el dolor crónico?

a) Posee una misión biológica.
b) Mejor vía de administración la analgesia oral/rectal.
c) Posee un comienzo de alivio rápido.
d) El paciente presenta un estado emocional ante el dolor de cansado/ansioso.

12. ¿Qué factor de esto disminuye el dolor?

a) Miedo.
b) Depresión.
c) Vejez.
d) Sueño.

13. ¿Qué dolor de estos no es nociceptivo?

a) El dolor somático, por estimulación de los receptores periféricos.
b) El dolor visceral, por infiltración, compresión o distensión de vísceras.
c) El dolor neuropático, por daño del Sistema Nervioso Central (dolor central) o periférico (desaferentización).
d) Todos son nociceptivos.

14. Todo lo que se expone del fentanilo es cierto, excepto que:

a) Es un opioide sintético.
b) El fentanilo tiene indicaciones diferentes a la morfina en el tratamiento de dolor crónico que no responda al segundo escalón de la OMS.
c) El principal inconveniente del fentanilo-TTS es su mala adherencia en pieles sudorosas o/y febriles.
d) El fentanilo está especialmente indicado en disfagia/odinofagia, cuando existe un escaso cumplimiento de la medicación oral y cuando se dan problemas en el tránsito gastrointestinal (ocasiona menos estreñimiento).

15. ¿Qué causa de la ansiedad se relaciona con las fases de duelo de la doctora Kübler-Ross?

a) Los problemas relacionados con efectos directos de la enfermedad o complicaciones médicas.
b) Las reacciones adaptativas como consecuencia de la aparición de cambios inevitables.
c) Los problemas derivados de la existencia previa de problemas psicológicos.
d) Aquellas derivadas de los efectos secundarios del tratamiento.

16. ¿Qué nivel de sedación presenta un paciente con una respuesta rápida a estímulos dolorosos/presión glabelar, según la escala de Ramsay?

a) Nivel de sedación II.
b) Nivel de sedación III.
c) Nivel de sedación IV.
d) Nivel de sedación V.

17. ¿Cómo se denomina la capacidad para comprender, aceptar y compartir los sentimientos del paciente (incluso de otras personas)?

a) Catarsis.
b) Empatía.
c) Reflexividad.
d) Eustrés.

18. ¿Qué respuestas es incorrecta?

a) Las familias necesitan atención al mismo tiempo que el paciente terminal.
b) Los familiares deben ser partícipes del plan de cuidados del paciente.
c) No es conveniente instruir a los familiares en los cuidados necesarios para el paciente.
d) El médico debe facilitar a la familia la mayor cantidad de información posible sobre el estado del paciente.

19. ¿Cuál de estas etapas de aceptación de la muerte (Kübler-Ross) suele ser cronológicamente la primera?

a) Ira.
b) Negociación.
c) Negación.
d) Aceptación.

20. ¿En qué fase según Spoken está el paciente terminal que aún no conoce el diagnóstico ni el alcance de la enfermedad, pero la familia sí?

a) Fase de despreocupación.
b) Fase de inseguridad.
c) Fase de negación.
d) Fase de comunicación de la verdad.

En MADTEST tienes **más preguntas de este tema**, y todos tus avances quedan registrados y se reflejan en el ranking.

¡Supera tus límites con MADTEST!

Solución al test n.º 16

1. d) La atención domiciliaria.

2. c) Aceleran la muerte.

3. c) Está limitado a 6 meses (± 3).

4. b) No maleficencia.

5. d) Ortotanasia.

6. a) Eutanasia.

7. c) Derecho a participar en la toma de decisiones relativas a las pruebas complementarias, aunque no en el tratamiento.

8. c) Hay que evitar que se sienta solo, y esto lo relaja y disminuye su estrés, favoreciendo que no se den las irregularidades del sueño.

9. d) Hay que obligar a comer a los pacientes, la falta de comida constituye una ded las causas de empeoramiento.

10. d) Herpes simple.

11. b) Mejor vía de administración la analgesia oral/rectal.

12. d) Sueño.

13. c) El dolor neuropático, por daño del Sistema Nervioso Central (dolor central) o periférico (desaferentización).

14. b) El fentanilo tiene indicaciones diferentes a la morfina en el tratamiento de dolor crónico que no responda al segundo escalón de la OMS.

15. b) Las reacciones adaptativas como consecuencia de la aparición de cambios inevitables.

16. c) Nivel de sedación IV.

17. b) Empatía.

18. c) No es conveniente instruir a los familiares en los cuidados necesarios para el paciente.

19. c) Negación.

20. a) Fase de despreocupación.

Úlceras por presión: concepto. Proceso de formación, zonas y factores de riesgo. Medidas de prevención

1. ¿Qué es lo más importante de lo que se expone en relación con las úlceras por presión a nivel sanitario?

a) Su tratamiento.
b) Su diagnóstico.
c) Su prevención.
d) Conocer sus causas.

2. ¿En qué personas se dan más úlceras por presión?

a) En personas encamadas.
b) En personas con buena movilidad.
c) En personas bien nutridas.
d) Nada de lo anterior es cierto.

3. ¿Qué causa de estas es neurológica o nerviosa en la génesis de la úlcera por presión?

a) Parálisis.
b) Arteriosclerosis.
c) Alteraciones de la microcirculación.
d) Todo lo anterior es cierto.

4. ¿Cuáles son los planos duros que ejercen presión para que se dé la úlcera por presión?

a) El colchón o asiento sobre el que reposa el enfermo y por otro la superficie ósea del paciente.
b) Las sábanas o colchas empleadas y las manos de los cuidadores.
c) Las manos de los cuidadores y el colchón o asiento sobre el que reposa el enfermo.
d) Las manos de los cuidadores y la superficie ósea del paciente.

5. ¿Qué tipo de enfermo de estos puede tener la consciencia alterada y por ello ser más susceptible a padecer úlceras por presión?

a) Enfermos psiquiátricos sometidos a fuertes dosis de sedantes.
b) Enfermos incontinentes.
c) Enfermos con Síndrome de Cushing.
d) Ninguno de los anteriores.

6. Se padecerá de úlcera por presión cuando haya circunstancias favorables y se dé un apoyo cutáneo que sobrepase como mínimo:

a) Media hora.
b) Una hora.
c) Dos a tres horas.
d) Veinte horas.

7. En posición de sentado, la úlcera por presión aparecerá más frecuentemente en:

a) La tuberosidad isquiática.
b) La tuberosidad púbica.
c) Los acromiones.
d) Los olécranos.

8. ¿Cómo se denominan las úlceras por presión acaecidas por mecanismos de presión y roce derivados del uso de materiales empleados en un tratamiento?

a) Mecánicas.
b) Físicas.
c) Iatrogénicas.
d) Idiopáticas.

9. La aparición de úlcera iatrogénica en muñecas y pies, suele ser por:

a) Agresiones indebidas del sanitario.
b) Sujeciones mecánicas.
c) Autolesiones.
d) No se producen.

10. ¿En qué estadio está una úlcera por presión (según la *Agency for Health Care and Research*) cuando aparece un eritema que no cede al retirar el estímulo de presión en piel intacta?

a) Estadio I.
b) Estadio II.
c) Estadio III.
d) Estadio IV.

11. ¿Cómo se denomina la última fase de formación de la úlcera de presión o forma más evolucionada?

a) Fase final de exitus.
b) Fase escoriativa.
c) Fase eritematosa.
d) Fase necrótica.

12. ¿Qué estadio es la preúlcera según la clasificación del *Grupo Nacional para el Estudio y Asesoramiento sobre las Úlceras por Presión y el Grupo Europeo de Úlceras por Presión*?

a) Estadio 0.
b) Estadio 1.
c) Estadio a.
d) Estadio A.

13. ¿Cuántos parámetros se valoran en la Escala de Norton?

a) 3.
b) 4.
c) 5.
d) 6.

14. Si la incontinencia del paciente es urinaria y fecal, en ese parámetro de la Escala de Norton obtendría una puntuación de:

a) 4.
b) 3.
c) 2.
d) 1.

15. ¿Qué puntuación presentaría un paciente (Escala de Norton) con úlcera por presión que presenta un estado físico general regular, una actividad disminuida, sin incontinencia, y está sentado y confuso?

a) 24.
b) 20.
c) 13.
d) 9.

16. ¿Qué factor o factores de riegos se miden en la Escala de Braden en pacientes con úlceras por presión?

a) Percepción sensorial (capacidad para reaccionar ante una molestia relacionada con la presión).
b) Estado físico.
c) Estado mental.
d) Incontinencia.

17. ¿Cuántos parámetros se valoran en la Escala de Braden?

a) 3.
b) 4.
c) 5.
d) 6.

18. ¿Cuál es la base para la prevención y el tratamiento de las úlceras por presión?

a) Sequedad de la cama y sus útiles.
b) Sequedad de la piel del paciente y adecuada nutrición de la misma.
c) Una planificación de los cuidados de enfermería basada en la continuidad sistemática de los mismos.
d) Son ciertas las respuestas a) y b).

19. ¿Cada cuánto tiempo deben realizarse los cambios de posición en pacientes con riesgos a úlceras por presión?

a) Cada 2-3 horas.
b) Cada 4-6 horas.
c) Cada 6-8 horas.
d) Cada 12 horas.

20. ¿Cuándo no está contraindicado el masaje en la UPP?

a) Nunca está contraindicado, es aconsejable.
b) Siempre está contraindicado, está prohibido ya que la agrava.
c) Cuando no agrava la preúlcera.
d) Si la zona aún no tiene enrojecimiento (eritema).

En MADTEST tienes **más preguntas de este tema**, y todos tus avances quedan registrados y se reflejan en el ranking.

¡Supera tus límites con MADTEST!

Solución al test n.º 17

1. c) Su prevención.

2. a) En personas encamadas.

3. a) Parálisis.

4. a) El colchón o asiento sobre el que reposa el enfermo y por otro la superficie ósea del paciente.

5. a) Enfermos psiquiátricos sometidos a fuertes dosis de sedantes.

6. c) Dos a tres horas.

7. a) La tuberosidad isquiática.

8. c) Iatrogénicas.

9. b) Sujeciones mecánicas.

10. a) Estadio I.

11. d) Fase necrótica.

12. a) Estadio 0.

13. c) 5.

14. d) 1.

15. c) 13.

16. a) Percepción sensorial (capacidad para reaccionar ante una molestia relacionada con la presión).

17. d) 6.

18. c) Una planificación de los cuidados de enfermería basada en la continuidad sistemática de los mismos.

19. a) Cada 2-3 horas.

20. d) Si la zona aún no tiene enrojecimiento (eritema).

TEST N.º 18

Urgencias y emergencias: concepto. Primeros auxilios en situaciones críticas: politraumatizados, quemados, shock, intoxicación, heridas, hemorragias, asfixias. Reanimación cardiopulmonar básica. Mantenimiento y reposición del material necesario (carro de parada). Inmovilizaciones y traslado de enfermos

1. Una patología que puede llevar a la muerte y que debe ser atendida en un tiempo inferior a una hora, según la OMS, es:

a) Un accidente.
b) Un siniestro.
c) Una urgencia.
d) Una emergencia.

2. El mayor pico de mortalidad originado en los politraumatizados es:

a) En la primera hora.
b) En las primeras 24 horas.
c) En las semanas posteriores.
d) La mortalidad en los politraumatizados no presenta un pico reconocido.

3. ¿Cuál es el orden en el que se debe realizar una evaluación en un paciente politraumatizado en la valoración secundaria?

a) Primero se debe realizar un examen neurológico, seguido de una exploración en busca de lesiones externas.
b) Primero se debe realizar un examen neurológico, seguido de una exploración de cabeza, cuello, tórax y abdomen.
c) La evaluación debe comenzar por la exploración de la cabeza, para seguir con cuello, abdomen y pelvis, y finalizar con un examen neurológico.
d) La evaluación debe comenzar por la exploración de cabeza, cuello, tórax, abdomen, pelvis, extremidades y finalizar con un examen neurológico.

4. ¿Qué es un traumatismo craneoencefálico?

a) Un impacto violento recibido por un sujeto en las regiones craneal y facial.
b) Un impacto recibido por un sujeto en la región craneal.
c) Una pérdida estructural de una parte del cuerpo.
d) La pérdida del conocimiento por un impacto violento en la región craneal.

5. En la inspección de las pupilas en una valoración neurológica de un paciente con traumatismo craneoencefálico, una relación entre ambas pupilas disocóricas quiere decir que:

a) Ambas pupilas son iguales.
b) Las pupilas no reaccionan.
c) Las pupilas son desiguales.
d) Las pupilas tienen forma irregular.

6. Para valorar la extensión de una quemadura se usa:

a) La regla de los 9.
b) La regla de Wallace.
c) La regla de los 10.
d) Las respuestas a) y b) son correctas.

7. ¿Qué es la uremia?

a) Es una pérdida de conciencia debido a una baja cantidad de glucosa en sangre.
b) Es una pérdida de conciencia debido a una alta cantidad de glucosa en sangre.
c) Es una complicación grave de las enfermedades del riñón, que puede provocar un estado de somnolencia capaz de llevar al coma.
d) Es una complicación leve de las enfermedades del riñón, que puede provocar un estado de somnolencia capaz de llevar al coma.

8. Las catecolaminas producen:

a) Vasoconstricción arterial y venosa, desvía el flujo de sangre de órganos no vitales a los vitales.
b) Elevación de frecuencia cardiaca y respiratoria.
c) Elevación de tensión arterial y gasto cardíaco.
d) Todas las respuestas son correctas.

9. Para poder elaborar un diagnóstico definitivo en un paciente intoxicado se debe recabar la máxima información posible. Se intentará conseguir:

a) Nombre del producto y cantidad del producto ingerido.
b) Vía de administración por la que se ha producido la ingesta y posibles mezclas.

c) Tiempo transcurrido desde la administración del producto y antecedentes patológicos previos del individuo.

d) Todas las respuestas son correctas.

10. ¿Cuál de los siguientes es el tratamiento para la intoxicación por paracetamol?

a) El tratamiento es sintomático.

b) El tratamiento indicado es el lavado gástrico incluso pasadas 12 horas, monitorización cardiaca y administración de bicarbonato sódico.

c) El tratamiento específico es la administración de su antídoto, N-acetilcisteína y si la ingesta es reciente están indicados el lavado gástrico y el carbón activado.

d) El tratamiento consiste en el lavado gástrico y carbón gástrico y la administración intravenosa de flumazenil.

11. La cánula de Guedel:

a) Es una cánula orofaríngea.

b) Se utiliza para mantener la vía aérea permeable.

c) Es un tubo de plástico abierto en su interior.

d) Todas las respuestas son ciertas.

12. Es un ritmo desfibrilable:

a) TVSP.

b) Asistolia.

c) Sinusal.

d) Bloqueo completo.

13. Si está indicada la descarga con el desfibrilador deberemos estar seguros de que:

a) El ritmo es desfibrilable.

b) El nivel de julios es el correcto.

c) Nadie toca al paciente.

d) El DESA tiene baterías.

14. ¿Cuándo se suspende la RCP básica?

a) Cuando la valoración nos indica que el paciente presenta una PCR.

b) Cuando el paciente necesita una descarga eléctrica.

c) Cuando el reanimador está exhausto.

d) Todas las respuestas son ciertas.

15. En los niños las técnicas de RCP se inician con:

a) 30 compresiones.

b) 2 ventilaciones.

c) 5 ventilaciones.
d) 15 compresiones.

16. La secuencia ideal entre compresiones y ventilaciones en los niños es de:

a) 30/2.
b) 15/2.
c) 30/1.
d) 15/5.

17. La realización de la RCP en niños debe hacerse con el niño:

a) En PLS.
b) En decúbito prono sobre una superficie dura.
c) En decúbito supino sobre una superficie dura.
d) En la posición en la que nos encontramos al paciente evitando la movilización.

18. El área de compresión en los lactantes:

a) Es en la línea intermamilar, sobre el esternón.
b) Es en el mismo lugar que en los adultos.
c) Es con 3 dedos sobre la apófisis xifoides.
d) Es justo bajo la apófisis xifoides.

19. No se considera material para la apertura de la vía aérea:

a) Pinzas de Magill.
b) Guía de tubo.
c) Tubos orofaríngeos.
d) Tabla de RCP.

20. El sulfato de magnesio es:

a) Una catecolamina.
b) Un anticolinérgico.
c) Un antiarritmico.
d) Un depresor del SNC.

En MADTEST tienes **más preguntas de este tema**, y todos tus avances quedan registrados y se reflejan en el ranking.

¡Supera tus límites con MADTEST!

Solución al test n.º 18

1. d) Una emergencia.

2. a) En la primera hora.

3. d) La evaluación debe comenzar por la exploración de cabeza, cuello, tórax, abdomen, pelvis, extremidades y finalizar con un examen neurológico.

4. a) Un impacto violento recibido por un sujeto en las regiones craneal y facial.

5. d) Las pupilas tienen forma irregular.

6. d) Las respuestas a) y b) son correctas.

7. c) Es una complicación grave de las enfermedades del riñón, que puede provocar un estado de somnolencia capaz de llevar al coma.

8. d) Todas las respuestas son correctas.

9. d) Todas las respuestas son correctas.

10. c) El tratamiento específico es la administración de su antídoto, N-acetilcisteína y si la ingesta es reciente están indicados el lavado gástrico y el carbón activado.

11. d) Todas las respuestas son ciertas.

12. a) TVSP.

13. c) Nadie toca al paciente.

14. c) Cuando el reanimador está exhausto.

15. c) 5 ventilaciones.

16. b) 15/2.

17. c) En decúbito supino sobre una superficie dura.

18. a) Es en la línea intermamilar, sobre el esternón.

19. d) Tabla de RCP.

20. c) Un antiarritmico.

TEST N.º 19

Atención de la auxiliar de enfermería a enfermos afectos de toxicomanía: alcoholismo y drogodependencias

1. La atención al drogodependiente debe ser contemplada desde un punto de vista global, teniendo en cuenta los aspectos:

a) Biológicos y Psicológicos.
b) Físicos, Psíquicos, Mentales y su interrelación.
c) Biológicos, Sociales y Psicológicos.
d) Biológicos, Sociales, Psicológicos y su interrelación.

2. Las actividades de prevención y tratamiento del tabaquismo deben estar inicial y esencialmente:

a) En las consultas privadas.
b) En las consultas externas del hospital.
c) En la atención primaria de salud.
d) En la atención especializada de salud.

3. ¿Qué nombre recibe el fenómeno en drogodependientes que se caracteriza por la necesidad de consumir cada vez cantidades crecientes de droga para conseguir los mismos efectos?

a) Tolerancia.
b) Dependencia.
c) Abstinencia.
d) Intoxicación.

4. ¿Cuál de estas sustancias no es un opiáceo?

a) La morfina.
b) La heroína.
c) El LSD.
d) El opio.

5. El benceno está en el grupo de:

a) Psicoestimulantes menores.
b) Solventes.
c) Alucinógenos.
d) Depresores del Sistema Nervioso Central.

6. ¿Qué es falso del tabaquismo?

a) Es una dependencia por consumo de tabaco.
b) El tabaquismo se adquiere en nuestro medio fumando en pipa, cigarros o cigarrillos.
c) La inhalación de su combustión es la responsable directa tanto de la dependencia como de las diversas patologías que causa.
d) La planta del tabaco era conocida desde la antigüedad en diversos continentes, sin embargo, su utilización y consumo proceden de África.

7. ¿Cuál de estas patologías es considerada por las Administraciones sanitarias como la principal causa evitable de morbimortalidad, por las patologías orgánicas que puede causar?

a) La obesidad.
b) El consumo de tabaco.
c) El sedentarismo.
d) El consumo de alimentos dislipémicos.

8. ¿Qué sustancias procedentes del tabaco son de las denominadas irritantes?

a) Alquitranes y compuestos del benceno.
b) Nicotina.
c) Fenoles, peróxido de nitrógeno y ácido cianhídrico, entre otras.
d) Monóxido de carbono.

9. ¿Qué receptores colinérgicos de la acción de la nicotina son aquellos localizados en los órganos efectores que reciben terminaciones nerviosas posganglionares colinérgicas, así como en algunas neuronas del SNC?

a) Nicotínicos propiamente.
b) Muscarínicos.
c) Adrenérgicos.
d) Dopaminérgicos.

10. ¿Cómo es el despertar de un fumador empedernido?

a) Alegre y lúcido.
b) Con dolor articular y rigidez matutina.

c) Muy placentero, pero con cierto embotamiento matinal.

d) Poco placentero, con embotamiento matinal, sensación de descanso insuficiente y dolores erráticos.

11. ¿Qué clínica caracteriza una vez que se inicia el síndrome de abstinencia a nicotina?

a) Alteraciones del sueño: insomnio y sueño no reparador.

b) Intranquilidad, excitación, nerviosismo y deseo de fumar.

c) Irritabilidad, agresividad, depresión y humor inestable.

d) Se produce todo lo anterior.

12. Según el modelo transteórico de las etapas del cambio de Prochaska y Diclemente, cuando una persona es consciente de que el hábito tabáquico es nocivo para su salud y piensa en dejarlo, pero aún no se ha comprometido, diremos que se encuentra en fase:

a) Precontemplativa.

b) Contemplativa.

c) Preparatoria.

d) De acción.

13. ¿Cómo se denomina la situación, como principio básico, que se da en un bebedor ocasional, pero consume grandes cantidades de alcohol sin llegar a la intoxicación cada vez que bebe, análogo al término consumo perjudicial?

a) Hábito.

b) Dependencia.

c) Uso.

d) Abuso.

14. ¿Cuántos gramos de etanol consumirá un bebedor si se ha tomado tres cervezas de 25 cc con una graduación alcohólica de 3 grados?

a) 18 g.

b) 1,8 g.

c) 3 g.

d) 0,9 g.

15. Dado que el alcohol inhibe la actividad del cerebelo, las personas que beben mucho alcohol pueden presentar:

a) Ataxia.

b) Afasia.

c) Anosognosia.

d) Hiperalgesia.

16. ¿Con qué dependencia está muy relacionado el síndrome de Wernicke-Korsakoff?

a) Con el consumo excesivo de alcohol.
b) Con el consumo excesivo de tabaco.
c) Con el consumo excesivo de heroína.
d) Con el consumo excesivo de benzodiacepinas.

17. ¿En qué grupo incluirías a las benzodiacepinas según efectos sobre el sistema nervioso?

a) Depresores.
b) Estimuladores.
c) Psicodislépticos o perturbadores del SNC.
d) Alucinógenos.

18. ¿Qué sustancia se emplea por vía IV para la intoxicación aguda de opiáceos por ser antagonista específico?

a) Rohipnol.
b) Metadona.
c) Naloxona.
d) Cannabis.

19. ¿Qué sustancia es el LSD?

a) Cocaína.
b) Heroína.
c) Ácido lisérgico.
d) Anfetamina.

20. El tratamiento de la dependencia de cannabis es fundamentalmente:

a) Metadona.
b) Haloperidol.
c) Betabloqueantes.
d) Psicológico.

En MADTEST tienes **más preguntas de este tema**, y todos tus avances quedan registrados y se reflejan en el ranking.

¡Supera tus límites con MADTEST!

Solución al test n.º 19

1. d) Biológicos, Sociales, Psicológicos y su interrelación.

2. c) En la atención primaria de salud.

3. a) Tolerancia.

4. c) El LSD.

5. b) Solventes.

6. d) La planta del tabaco era conocida desde la antigüedad en diversos continentes, sin embargo, su utilización y consumo proceden de África.

7. b) El consumo de tabaco.

8. c) Fenoles, peróxido de nitrógeno y ácido cianhídrico, entre otras.

9. b) Muscarínicos.

10. d) Poco placentero, con embotamiento matinal, sensación de descanso insuficiente y dolores erráticos.

11. d) Se produce todo lo anterior.

12. b) Contemplativa.

13. d) Abuso.

14. b) 1,8 g.

15. a) Ataxia.

16. a) Con el consumo excesivo de alcohol.

17. a) Depresores.

18. c) Naloxona.

19. c) Ácido lisérgico.

20. d) Psicológico.

TEST N.º 20

**Seguridad del paciente: eventos adversos, causas y medidas
de mejora. Unidades de gestión de riesgos y seguridad de pacientes:
funciones. Sistemas de notificación y registro de incidencias y
eventos adversos: barreras, utilidades y características.
Experiencias en sistemas de notificación y registro.
Análisis de riesgos: AMFE, análisis causa-raíz**

1. ¿Qué se define en seguridad clínica como "una lesión no intencionada que se relaciona con el proceso asistencial más que el estado patológico del paciente"?

a) Yatrogenia.
b) Efecto adverso.
c) Efecto secundario.
d) Intolerancia.

2. ¿Cuántos tipos de incidentes propone la Clasificación Internacional para la Seguridad del Paciente (CISP)?

a) 10.
b) 13.
c) 18.
d) 25.

3. ¿Qué se define según la CISP como todas aquellas circunstancias que pueden contribuir al desarrollo de un incidente o a que aumenten el riesgo de que se produzca? Factores…

a) De riesgo.
b) Declinativos.
c) Favorecedores.
d) Contribuyentes.

4. ¿Qué modalidad de error humano no encajaría como involuntario?

a) Desliz.
b) Lapsus.
c) Transgresión.
d) Despiste.

5. ¿Qué tipo de error humano es aquel que se produce por el incumplimiento de normas o procedimientos de seguridad?

a) Lapsus u olvido.
b) Equivocación.
c) Transgresión.
d) Sabotaje.

6. ¿Cuál de estas circunstancias consideras que es una falla activa?

a) Factores organizativos.
b) Errores humanos.
c) Procedimientos o protocolos.
d) Condiciones locales.

7. ¿En qué está basado el primer nivel de un espacio activo? Está basado en:

a) Las habilidades del desempeño.
b) Las normas.
c) El conocimiento.
d) La ventana de oportunidades.

8. ¿Cuál es el último estadio en la trayectoria para causar un accidente?

a) Actos inseguros.
b) Factores organizacionales.
c) Fallas de las defensas.
d) Condiciones locales.

9. Respecto a la prevención primaria de los efectos adversos, todo lo que se dice es falso, excepto:

a) Debe preceder a su aparición.
b) Se realiza mediante la detección y abordaje precoz de los sucesos adversos.
c) Posee la finalidad es mitigar sus consecuencias para el paciente y los servicios Sanitarios.
d) Todo lo anterior es cierto.

10. ¿Qué prevención de los efectos adversos reúne aquellas acciones desarrolladas para atenuar o evitar las consecuencias del intervencionismo medico excesivo, innecesario y sobre el que existe insuficiente evidencia y alternativas éticamente aceptables? Prevención...

a) Primaria.
b) Secundaria.
c) Terciaria.
d) Cuaternaria.

11. Se considera como evento adverso evitable aquel que no hubiese ocurrido si se hubieran seguido los estándares de:

a) Cuidados rutinarios y no cotidianos apropiados.
b) Cuidados no rutinarios y no cotidianos apropiados.
c) Cuidados no rutinarios y cotidianos apropiados.
d) Cuidados rutinarios y cotidianos apropiados.

12. ¿Qué estrategia se sigue para evitar o reducir los riesgos a nivel nacional el Ministerio de Sanidad, Servicios Sociales e Igualdad del Gobierno de España, en coordinación con las Comunidades Autónomas, para mejorar la calidad asistencial?

a) Estrategia número 8 del Plan de Calidad del Sistema Nacional de Salud.
b) Estrategia de análisis de riesgo causa/ raíz (ACR).
c) Estrategia número 7 del Plan de Calidad del Sistema Nacional de Salud.
d) Son ciertas a) y c).

13. ¿En qué consiste el análisis de riesgo causa/ raíz? Consiste en:

a) Una aproximación al análisis del error de manera prospectiva.
b) Una aproximación al análisis del error de manera retrospectiva.
c) Una aproximación al análisis del acierto de manera retrospectiva.
d) Una aproximación al análisis del acierto de manera prospectiva.

14. ¿Cuál es la primera fase del análisis causa-raíz?

a) Recogida de información.
b) Análisis de los Incidentes y sucesos centinela.
c) Organizar el equipo.
d) Desarrollo de soluciones y plan de acción.

15. ¿Cuál de estos no es un suceso centinela?

a) Suicidio de un paciente.
b) Fallecimiento inesperado.

c) Pérdida de función permanente no relacionada con la evolución de un paciente.

d) Son todos los anteriores sucesos centinela.

16. ¿Cómo calificarías un evento en relación a la probabilidad que este suceda si es improbable que ocurra, pero puede suceder en 5 a 30 años?

a) Infrecuente.
b) Remoto.
c) Frecuente.
d) Ocasional.

17. ¿Qué grado de severidad posee un evento frecuente de probabilidad de suceso menor?

a) 1.
b) 2.
c) 3.
d) 4.

18. El diagrama de causa-efecto o de espina de pez, es el diagrama de:

a) Okinawa.
b) Reason.
c) Ishikawa.
d) Lenninger.

19. ¿Qué causas en función de la proximidad del evento son aquellas que son fallos del sistema o del proceso de atención que permiten que ocurran las causas proximales, pero pueden o no ser causas-raíz? Causas…

a) Raíz.
b) Distales.
c) Cercanas.
d) Subyacentes.

20. ¿Qué barreras del sistema son modificaciones en el ambiente físico o en los recursos materiales que se realizan para evitar la falla o error de los procesos? Barreras…

a) Naturales.
b) Humanas.
c) Físicas.
d) Administrativas.

En MADTEST tienes **más preguntas de este tema**, y todos tus avances quedan registrados y se reflejan en el ranking.

¡Supera tus límites con MADTEST!

Solución al test n.º 20

1. b) Efecto adverso.

2. b) 13.

3. d) Contribuyentes.

4. c) Transgresión.

5. c) Transgresión.

6. b) Errores humanos.

7. a) Las habilidades del desempeño.

8. c) Fallas de las defensas.

9. a) Debe preceder a su aparición.

10. d) Cuaternaria.

11. d) Cuidados rutinarios y cotidianos apropiados.

12. a) Estrategia número 8 del Plan de Calidad del Sistema Nacional de Salud.

13. b) Una aproximación al análisis del error de manera retrospectiva.

14. c) Organizar el equipo.

15. d) Son todos los anteriores sucesos centinela.

16. b) Remoto.

17. a) 1.

18. c) Ishikawa.

19. d) Subyacentes.

20. c) Físicas.

**Prevención de riesgos laborales en la categoría.
Accidentes de riesgo biológico: medidas preventivas.
Factores de naturaleza psicosocial: estrés, burnout, mobbing**

1. ¿Cuál es en España la norma básica que regula en la actualidad la materia de Prevención de Riesgos Laborales?

a) Ley 31/1995, de 8 de noviembre.
b) Ley 13/1990, de 22 de abril.
c) Ley 22/2000, de 12 de diciembre.
d) Ley 14/1998, de 25 de septiembre.

2. La Higiene teórica proveniente de la Higiene en el Trabajo:

a) Se encarga de la identificación cualitativa y cuantitativa de los agentes nocivos.
b) Se encarga de buscar soluciones a los problemas detectados y trata de eliminar todos los riesgos.
c) Se encarga del estudio a través de la investigación en el ámbito de la higiene laboral.
d) Se encarga de estudiar la relación entre dosis de exposición al agente nocivo y la respuesta que este desencadena en el organismo humano.

3. ¿De qué se dice que "es aquel en el que la producción de calor metabólico está en equilibrio con las pérdidas de calor orgánico (por convección e irradiación), las pérdidas de calor respiratorio y la transpiración insensible"?

a) Ambiente térmico fisiológico.
b) Ambiente térmico neutro.
c) Ambiente térmico físico-químico.
d) Nada de lo anterior es cierto.

4. ¿Cuál es la unidad más empleada en medicina del trabajo respecto al ambiente sonoro, si queremos evaluar la existencia o no de contaminación acústica?

a) Lumen.
b) Son.

c) Decibelio.
d) metro/segundo.

5. ¿Qué radiaciones electromagnéticas de estas consideras ionizante?

a) Radiaciones Y e infrarroja.
b) Radiaciones X y gamma.
c) Radiaciones alfa y beta.
d) Radiaciones alfa e infrarroja.

6. ¿Qué medida universal de estas respecto a los riesgos relacionados con la exposición a agentes biológicos durante el trabajo en ambientes hospitalarios es del tipo inmunización activa?

a) Suero frente a hepatitis B.
b) Vacunación frente a hepatitis B.
c) Quimioprofilaxis antivírica.
d) Todo lo anterior es cierto.

7. La esterilización por calor húmedo bajo presión es mediante:

a) Autoclave.
b) Poupinel.
c) Incineración.
d) Flameado.

8. ¿Qué zona corporal es la más dañada por la manipulación de cargas?

a) Espalda (zona dorsolumbar).
b) Tórax.
c) Espalda (zona cervical).
d) Extremidades inferiores.

9. ¿Qué carga no se recomienda que manejen mujeres, trabajadores jóvenes o aquellos de edad avanzada?

a) Cargas superiores a 5 kg.
b) Cargas superiores a 15 kg.
c) Cargas superiores a 25 kg.
d) Cargas superiores a 35 kg.

10. ¿Cuál es el tamaño máximo recomendable de una carga (alto x ancho x profundo, en cm)?

a) 70 x 50 x 50.
b) 60 x 60 x 60.

c) 60 x 60 x 50.
d) 80 x 60 x 60.

11. ¿Qué distancias indicarán las «coordenadas» de la situación espacial de la carga?

a) Distancias H y T.
b) Distancias T y V.
c) Distancias H y S.
d) Distancias H y V.

12. ¿A qué se denomina la disminución de la capacidad física y mental después de realizar un trabajo?

a) Carga mental.
b) Fatiga.
c) Adinamia.
d) Estrés.

13. La carga mental se denomina también:

a) Esfuerzo intelectual.
b) Esfuerzo mental.
c) Carga psíquica.
d) Carga cognitiva.

14. ¿Cómo se llama también el síndrome de quemado o de agotamiento profesional?

a) Mobbing.
b) Burnout.
c) Eustrés.
d) Distrés.

15. La ciencia de la adaptación del trabajo al hombre es:

a) Laborterapia.
b) Ergonomía.
c) Terapia Ocupacional.
d) Ninguna de las anteriores.

16. ¿Qué ergonomía se encarga del estudio de la relación entre el ser humano y las condiciones métricas de su puesto de trabajo en lo relativo a su comodidad y confort estático, tanto en posiciones de pie como sentado, pie-sentado, etc.?

a) Ergonomía geométrica.
b) Ergonomía geográfica.

c) Ergonomía ambiental.
d) Ergonomía temporal.

17. Los esfuerzos repetitivos de las muñecas pueden ocasionar:

a) Tendinitis.
b) Cefaleas.
c) Lumbalgias.
d) Todo lo anterior.

18. ¿Qué riesgo en particular pueden presentar más frecuentemente las cargas de peso en diferentes situaciones cuando es demasiado pesada o demasiado voluminosa?

a) Riesgo craneocervical.
b) Riesgo cervical.
c) Riesgo dorsocervical.
d) Riesgo dorsolumbar.

19. ¿En qué circunstancias el medio de trabajo no aumenta el riesgo, particularmente dorsolumbar?

a) Cuando el espacio libre, especialmente vertical, resulta insuficiente para el ejercicio de la actividad de que se trate.
b) Cuando el suelo es regular.
c) Cuando la situación o el medio de trabajo no permite al trabajador la manipulación manual de cargas a una altura segura.
d) Cuando la situación o el medio de trabajo no permite al trabajador la manipulación manual de cargas en una postura correcta.

20. ¿Qué equipo (EPI) suele emplearse como de uso general a nivel sanitario?

a) Delantales.
b) Guantes de látex.
c) Gafas de seguridad.
d) Viseras.

En MADTEST tienes **más preguntas de este tema**, y todos tus avances quedan registrados y se reflejan en el ranking.

¡Supera tus límites con MADTEST!

Solución al test n.º 21

1. a) Ley 31/1995, de 8 de noviembre.

2. d) Se encarga de estudiar la relación entre dosis de exposición al agente nocivo y la respuesta que este desencadena en el organismo humano.

3. b) Ambiente térmico neutro.

4. c) Decibelio.

5. b) Radiaciones X y gamma.

6. b) Vacunación frente a hepatitis B.

7. a) Autoclave.

8. a) Espalda (zona dorsolumbar).

9. b) Cargas superiores a 15 kg.

10. c) 60 x 60 x 50.

11. d) Distancias H y V.

12. b) Fatiga.

13. d) Carga cognitiva.

14. b) Burnout.

15. b) Ergonomía.

16. a) Ergonomía geométrica.

17. a) Tendinitis.

18. d) Riesgo dorsolumbar.

19. b) Cuando el suelo es regular.

20. b) Guantes de látex.

TEST N.º 22

Medicamentos: Vías de administración.
Caducidades y almacenaje de los medicamentos

1. ¿Qué concepto define la parte de las ciencias biomédicas que estudia las acciones y propiedades de los fármacos sobre el organismo?

a) Terapéutica.
b) Farmacología.
c) Farmacognosia.
d) Farmacodinamia.

2. ¿Qué término describe la proporción de un fármaco que accede sin metabolizar a la circulación sistémica?

a) Afinidad.
b) Potencia.
c) Biodisponibilidad.
d) Eficacia.

3. Una reacción adversa tipo B se caracteriza por ser:

a) Dependiente de la dosis, leve y predecible.
b) No dependiente de la dosis, impredecible y grave.
c) Crónica, dependiente de la duración del tratamiento.
d) Producida tras suspender un tratamiento largo.

4. La taquifilaxia se define como:

a) La pérdida de efecto de un fármaco por adaptación lenta del organismo.
b) La pérdida brusca y rápida de efecto de un fármaco.
c) La necesidad de aumentar la dosis en tratamientos crónicos.
d) La respuesta adversa tras suspender un fármaco.

5. El índice terapéutico (CMT/CME) de un fármaco indica:

a) La eficacia clínica en condiciones ideales.
b) El tiempo de inicio de acción tras la administración.
c) El margen de seguridad entre dosis terapéutica y tóxica.
d) La biodisponibilidad del medicamento.

6. ¿Qué vía de administración evita siempre el primer paso hepático?

a) Oral.
b) Sublingual.
c) Rectal alta.
d) Intradérmica.

7. La unión de un fármaco a proteínas plasmáticas provoca que:

a) Aumente su biodisponibilidad.
b) Disminuya la vida media.
c) No pueda difundir hacia los tejidos.
d) Genere metabolitos más activos.

8. En la farmacodinamia, un agonista parcial se caracteriza por:

a) Producir siempre la respuesta máxima.
b) No tener afinidad por los receptores.
c) Producir respuesta submáxima aunque todos los receptores estén ocupados.
d) Impedir la acción del agonista endógeno.

9. ¿Qué tipo de interacción farmacológica se da cuando la combinación de dos fármacos produce un efecto mayor que la suma de sus efectos individuales?

a) Potenciación.
b) Antagonismo.
c) Sinergia.
d) Sumación.

10. Los parches transdérmicos requieren que el fármaco presente:

a) Alta hidrosolubilidad y vida media larga.
b) Bajo peso molecular y lipofilia intermedia.
c) Vida media prolongada y baja potencia.
d) Alta unión a proteínas plasmáticas.

11. ¿Cuál de las siguientes vías de excreción es la principal para los fármacos hidrosolubles?

a) Biliar.
b) Renal.
c) Pulmonar.
d) Cutánea.

12. La vida media de un fármaco se define como:

a) El tiempo que tarda en absorberse completamente.
b) El tiempo hasta alcanzar la concentración mínima eficaz.
c) El tiempo necesario para reducir a la mitad la concentración plasmática.
d) El tiempo total de permanencia en el organismo.

13. ¿Qué término designa la ciencia que estudia las materias primas de origen biológico destinadas a la preparación de medicamentos?

a) Farmacodinamia.
b) Farmacología clínica.
c) Farmacognosia.
d) Terapéutica.

14. En farmacodinamia, un agonista inverso se caracteriza por:

a) Producir el mismo efecto que el agonista endógeno.
b) Unirse al receptor y reducir su actividad basal.
c) Desplazar a un antagonista de su receptor.
d) Activar el receptor en ausencia de mediadores.

15. ¿Qué tipo de interacción se produce cuando dos fármacos administrados juntos generan simplemente la suma de sus efectos individuales?

a) Sinergia.
b) Sumación.
c) Potenciación.
d) Antagonismo.

16. En la vía oral, el principal inconveniente farmacocinético es:

a) Su elevada biodisponibilidad.
b) El fenómeno del primer paso hepático.
c) La imposibilidad de administración de líquidos.
d) La dificultad de absorción en el intestino.

17. La administración de medicamentos por vía rectal evita el primer paso hepático solo cuando:

a) Se absorben en la ampolla rectal.
b) Se absorben en el colon sigmoide.
c) Se administran en cualquier parte del recto.
d) Se utilizan pomadas rectales.

18. ¿Cuál de las siguientes formas farmacéuticas no puede triturarse ni fraccionarse?

a) Comprimidos ranurados.
b) Suspensiones reconstituidas.
c) Grageas gastrorresistentes.
d) Jarabes.

19. Los colirios oftálmicos deben desecharse una vez abiertos transcurrido:

a) Una semana.
b) Dos semanas.
c) Un mes.
d) Tres meses.

20. En la vía ótica, antes de instilar las gotas debe:

a) Refrigerarse el envase.
b) Calentarse en la mano hasta temperatura corporal.
c) Diluirse en agua templada.
d) Agitarse con fuerza.

Solución al test n.º 22

1. b) Farmacología.

2. c) Biodisponibilidad.

3. b) No dependiente de la dosis, impredecible y grave.

4. b) La pérdida brusca y rápida de efecto de un fármaco.

5. c) El margen de seguridad entre dosis terapéutica y tóxica.

6. b) Sublingual.

7. c) No pueda difundir hacia los tejidos.

8. c) Producir respuesta submáxima aunque todos los receptores estén ocupados.

9. c) Sinergia.

10. b) Bajo peso molecular y lipofilia intermedia.

11. b) Renal.

12. c) El tiempo necesario para reducir a la mitad la concentración plasmática.

13. c) Farmacognosia.

14. b) Unirse al receptor y reducir su actividad basal.

15. b) Sumación.

16. b) El fenómeno del primer paso hepático.

17. a) Se absorben en la ampolla rectal.

18. c) Grageas gastrorresistentes.

19. c) Un mes.

20. b) Calentarse en la mano hasta temperatura corporal.

TEST N.º 23

Atención al cuidado del paciente en Salud Mental en los ámbitos hospitalario y comunitario. Cuidados y necesidades básicas durante la hospitalización. Cuidados en la atención domiciliaria al paciente, la familia y el cuidador principal

1. La definición de la OMS de salud mental dice que es el resultado de la presencia de aspectos, necesarios para alcanzar un estado de completo bienestar de tipo:

a) Psicológico, afectivo y ambiental sobre la salud.
b) Psicológico, afectivo y social sobre la salud.
c) Afectivo, social y ambiental sobre la salud.
d) Físico, psicológico y social sobre la salud.

2. ¿Qué aspectos multifactoriales se recogen en un mismo individuo?

a) Aspectos físicos, psíquicos, religiosos, culturales y ambientales.
b) Aspectos físicos, psíquicos, socioeconómicos y ambientales.
c) Aspectos físicos, sociales, éticos, psíquicos y ambientales.
d) Aspectos físicos, psíquicos, sociales, culturales y ambientales.

3. ¿Qué concepto implica que el hecho de la existencia de una relación de afecto, emoción o sentimiento de la persona vaya a tener repercusiones somáticas positivas o negativas, tales como cefaleas, náuseas, diarreas, etc.?

a) El concepto de dinamismo.
b) El concepto de interacción.
c) El concepto de normalidad.
d) El concepto de aversión.

4. ¿Qué número de edición es la vigente del *Manual diagnóstico y estadístico de los trastornos mentales de la Asociación Estadounidense de Psiquiatría* (DSM)? La edición:

a) Segunda.
b) Tercera.

c) Cuarta.
d) Quinta.

5. ¿Cuántas categorías de trastornos mentales incluye la actual clasificación de trastornos mentales de la Asociación Estadounidense de Psiquiatría DSM?

a) 18.
b) 22.
c) 30.
d) 35.

6. ¿Qué clasificación de trastornos mentales recomienda la OMS que se use?

a) DSM- V.
b) CIE- 10.
c) DMS- III.
d) ASLO- V.

7. La ansiedad es un trastorno de tipo:

a) Psicótico.
b) Neurótico.
c) Sociopático.
d) Psicopático, asociado a toxicomanías.

8. ¿Qué característica presenta el nivel de ansiedad donde el individuo presenta una atención selectiva y un campo perceptivo disminuido?

a) Nivel de ansiedad leve.
b) Nivel de ansiedad moderado.
c) Nivel de ansiedad severo.
d) Ausencia.

9. El miedo irracional a los espacios abiertos se denomina:

a) Claustrofobia.
b) Dismorfobia.
c) Agorafobia.
d) Eritrofobia.

10. ¿Qué se denomina como contenidos o actividades psíquicas que se imponen en un individuo a pesar suyo?

a) Neurosis.
b) Fobia.

c) Obsesión.
d) Ilusión.

11. ¿Qué trastorno presentan las personas con el cuadro clínico típico de *flashbacks*?

a) Trastorno obsesivo-compulsivo.
b) Trastorno de estrés traumático.
c) Trastorno fóbico.
d) Trastorno de ansiedad generalizada.

12. Según la DMS los trastornos del estado de ánimo o afectivos denominados trastornos depresivos, incluyen:

a) Las fobias y los trastornos bipolares.
b) El episodio depresivo mayor, el episodio maníaco y el episodio mixto.
c) El trastorno depresivo mayor y el trastorno distímico.
d) Los trastornos bipolares y ciclotímicos.

13. ¿Qué trastorno del ánimo o afectivo (según DSM) pertenece al grupo de los trastornos depresivos?

a) Trastorno Depresivo Mayor.
b) Episodio maníaco.
c) Episodio mixto.
d) Trastorno bipolar.

14. ¿Qué otro nombre recibe los trastornos bipolares?

a) Ciclotimia.
b) Psicosis afectiva no polar.
c) Psicosis falsotímica.
d) Todos los anteriores son correctos.

15. ¿En qué momento del síndrome bipolar ciclotímico existe mayor riesgo de suicidio?

a) Al principio de la fase maníaca.
b) En el momento de la fase depresiva.
c) Al recuperarse de la fase depresiva.
d) Al recuperarse de la fase maníaca.

16. ¿Cuál es la edad de presentación más frecuente de la esquizofrenia?

a) Adolescencia y adulto joven.
b) Primera infancia.

c) Segunda infancia y adolescencia.

d) Adulto maduro (más de 45 años) y senectud.

17. La lentitud o inhibición del pensamiento que puede llegar hasta el bloqueo se denomina:

a) Taquipsiquia.

b) Bradifemia.

c) Bradipsiquia.

d) Verborrea.

18. ¿Qué modalidad de esquizofrenia se caracteriza por presentar períodos alternantes de apatía extrema y excitación intensa?

a) Esquizofrenia paranoide.

b) Esquizofrenia catatónica.

c) Esquizofrenia hebefrénica.

d) Esquizofrenia residual.

19. ¿Qué aspecto de la esquizofrenia induce a pensar que posee buen pronóstico?

a) Asociada a abuso de drogas.

b) Si es de tipo desorganizado o indiferenciado.

c) Si comienza en edad temprana.

d) Si clínicamente existe confusión y signos atípicos.

20. ¿Qué sustancias se usan para disminuir el nivel de ansiedad?

a) Benzodiacepinas.

b) Inhibidores de la monoaminooxidasa.

c) Neurolépticos.

d) Antidepresivos tricíclicos.

En MADTEST tienes **más preguntas de este tema**, y todos tus avances quedan registrados y se reflejan en el ranking.

¡Supera tus límites con MADTEST!

Solución al test n.º 23

1. b) Psicológico, afectivo y social sobre la salud.

2. b) Aspectos físicos, psíquicos, socioeconómicos y ambientales.

3. b) El concepto de interacción.

4. d) Quinta.

5. b) 22.

6. b) CIE- 10.

7. b) Neurótico.

8. b) Nivel de ansiedad moderado.

9. c) Agorafobia.

10. c) Obsesión.

11. b) Trastorno de estrés traumático.

12. c) El trastorno depresivo mayor y el trastorno distímico.

13. a) Trastorno Depresivo Mayor.

14. a) Ciclotimia.

15. c) Al recuperarse de la fase depresiva.

16. a) Adolescencia y adulto joven.

17. c) Bradipsiquia.

18. b) Esquizofrenia catatónica.

19. d) Si clínicamente existe confusión y signos atípicos.

20. a) Benzodiacepinas.

Cómo acceder al Curso

Técnico/a en Cuidados Auxiliares de Enfermería
Test del temario

El uso de los códigos **es exclusivo de los compradores de los productos de Editorial MAD**. Cada producto posee un código único y de un solo uso. Es personal e intransferible y da acceso a servicios y contenidos adicionales. Editorial MAD se reserva el derecho de hacer cuantas comprobaciones sean necesarias para identificar al legítimo poseedor del código y dejar de dar servicio a quien haga uso fraudulento del mismo, además de emprender cuantas acciones legales estime oportunas según la legislación vigente.

Deberás acceder a:

mad.es/registro-campus

Si una vez aceptadas las condiciones de uso del Campus decides hacer uso del mismo, necesitarás del siguiente código de acceso junto con los códigos del resto de títulos que se exigen (si fuera el caso):

R8D64VUX75